天津市社区社会工作实务指导丛书

社区社会工作案例选编

处理纠纷篇

SHEQU SHEHUI GONGZUO ANLI XUANBIAN
CHULI JIUFENPIAN

天津市社会工作协会 编

中国社会出版社
国家一级出版社·全国百佳图书出版单位

图书在版编目（CIP）数据

社区社会工作案例选编·处理纠纷篇/天津市社会工作协会编.—北京：中国社会出版社，2017.3
（天津市社区社会工作实务指导丛书）
ISBN 978-7-5087-5589-2

Ⅰ.①社… Ⅱ.①天… Ⅲ.①社区—社会工作—案例—天津 ②社区—民事纠纷—调解（诉讼法）—案例—天津Ⅳ.①D669.3 ②D927.215.114.4

中国版本图书馆CIP数据核字（2017）第023025号

丛 书 名：天津市社区社会工作实务指导丛书
书 名：社区社会工作案例选编·处理纠纷篇
编 者：天津市社会工作协会

出 版 人：浦善新
终 审 人：王 前
责任编辑：张 迟　　责任校对：董凯丰

出版发行：中国社会出版社　**邮政编码：**100032
通联方法：北京市西城区二龙路甲33号
电 话：编辑室：（010）58124856
销售部：（010）58124850
网 址：www.shcbs.com.cn
shcbs.mca.gov.cn
经 销：各地新华书店

中国社会出版社天猫旗舰店

印刷装订：保定彩虹印刷有限公司
开 本：170mm×240mm 1/16
印 张：13
字 数：196千字
版 次：2017年3月第1版
印 次：2018年4月第3次印刷
定 价：40.00元

中国社会出版社微信公众号

天津市社区社会工作实务指导丛书编委会

前言 PREFACE

社会工作是一门科学，也是一门专业，其目的在于协助人们解决其个人、群体（尤其是家庭）、社区的问题，以及运用个案工作、小组工作、社区工作、行政和研究等方法，促使个人、群体和社区之间的关系达到满意的状态。

为了更好地帮助广大社区社会工作者尽快掌握科学、专业的助人技巧，提高社会工作人员职业素质和专业水平，天津市社会工作协会联合全市各区民政部门，成立编委会，收集整理基层社区工作人员开展工作的亲身事例、工作经历、创建项目等，通过层层筛选、择优录用，汇编形成一套“天津市社区社会工作实务指导丛书”。

本套丛书分为三个部分，共6册。第一部分为社区社会工作典型案例，包括《社区社会工作案例选编·民主协商篇》《社区社会工作案例选编·为民解困篇（上下）》《社区社会工作案例选编·处理纠纷篇》《社区社会工作案例选编·精神文化篇》4册；第二部分为最暖心社工故事，《最暖心社工故事选编》1册；第三部分为最具影响力社工项目，《最具影响力社工项目选编》1册。

本书内容均为专业社工、社工机构或服务对象亲身经历的实务案例，内容真实。同时，本书在理念、技巧、方法和问题解决方面都较好地体现了社会工作的专业性、理论性和创新性，具有很强的示范性和借鉴性。

目录 CONTENTS

十年夫妻闹离婚　社区调解化干戈为玉帛

——蒙古路社区综治成功调和一起离婚纠纷

许烜赫

一、背景介绍

2014年11月21日早上，一名衣着朴素、沧州口音、情绪略显激动的年轻女子来到和平区劝业场街道蒙古路居民委员会咨询。蒙古路综治社会工作者和居民委员会书记热情接待了她。经过短暂的交流，该女子激动的情绪逐渐平静下来，并开始讲述自己面临的困境。

该女子姓刘，沧州市人，2004年5月到天津打工，打工期间与天津籍张某认识。当时刚从农村出来的刘某19岁，情窦初开，张某28岁，年长稳重，两人很快陷入热恋。2006年9月张某的父亲重病发作，刘某背着将其送到医院抢救，且细心照顾到其逝世。之后，张某母亲手臂受伤脱臼，刘某又是端茶送水地悉心照料，邻居街坊都称赞张母好福气。2008年12月刘某怀孕，但不幸流产。2009年刘某与张某正式登记结婚，2010年生下了儿子。张某和刘某打工期间，刘某将自己的工资收入全部交给张某支配。随后，夫妻经协商将刘某母亲接到张某家一起生活。但刘母和张母经常发生摩擦，2012年关系恶化，并导致刘某与张某母子产生隔阂，发生矛盾。2013年，张某从天津到西安工作，刘某仍留天津继续工作。自2013年起，刘某与张母婆媳之间产生矛盾，随后刘某不再将自己的工资给张某，同时在双方父母以及家人的共同影响下，夫妻双方积怨加深。2014年张某妹妹因争执直接扇了刘某耳光。张某于2014年7月特意请假回家来处理双方感情问题。回来后双方仍生活在一起。在休假的一段时间内，刘某与张某的母亲和妹妹发生正面冲突，张某遂向刘某提出离婚，并拟好离婚协议书，就双方财产、子女抚养问题进行单方处理。但刘某坚决不同意离婚，认为自己对这个家仍有感情，作出过很大牺牲。同时，她也不同意离婚协议书中关于大部分财产以及孩子归张某等条款。

二、分析评估

居民委员会调解人员认为双方感情基础仍在，和好的可能性较大，因此随即决定让刘某打电话给张某，请他到蒙古路社区内进行调解。张某于上午9：30气冲冲来到蒙古路居民委员会大厅。居民委员会调解员首先表示可以为大家提供免费的法律咨询服务，同时要求双方当事人在调解过程中应当始终保持心平气和。双方当事人态度平静，表示愿意调解，并对居民委员会工作人员表示感谢。

三、服务计划

1. 分析双方存在的矛盾与问题。
2. 解决问题的方式。
3. 客观分析目的。

四、服务计划实施过程

在调解过程中，调解员先请张某单独到谈话室。首先边询问边耐心倾听。开始时，张某还有些激动，调解员就引导张某对从恋爱到结婚以及生孩子等过程进行复述。从其口中得知，双方直至2010年都未产生矛盾，感情一直很好。其次，社区调解员运用法、理、情顺势引导。注意到张某神情软化时，调解员询问刘某对家庭作出的牺牲是否属实。张某均给予承认，同时，张某怀疑刘某自2007年开始受其母亲唆使，不再将工资收入交给他保管，而且刘母和张母因为以前一些积怨越闹越僵。这些事情也影响了刘某与婆婆、小姑子之间的关系，她们之间多次发生正面冲突。因而，张某感觉很累，决定和刘某离婚。调解员指出，婚姻首先是夫妻俩是否拥有良好的感情，其次才是夫妻与大家庭的关系。作为丈夫，张某在其中应当是沟通的桥梁，应当是婆媳及其他亲属之间矛盾的消解器。张某对自己的一些做法表示悔意。再次，社会工作者们先扬后抑、直言相谏，让其醒悟。消除张某的怨气后，社区工作人员们询问张某是否决意离婚。张某认为只要刘某能听自己的话便不离婚。社区工作人员们先对张某这种心态表示理解，因为刘某是尚未融入天津环境的外地媳妇，对天津的人情世故不太了解，所以张某才认为所有事情应当听他处置。稍后，社区工作人员们也严肃指出，如果张某始终抱有这种心态，那么刘某永远都像长不大的孩子，始终无法融入当地环境。而且《中华人民共和国宪法》以及《中华人民共和国婚姻法》明文规定，夫妻之间互相平等、互相尊重，没有尊卑之分，因而，不应当再有这种霸道的“大男子主义”。最后，社区工作人员们换位思考，为当事人比较分析，权衡利弊。社区工作人员们站在张某的立场，指出他与刘某彼此都已经有很深的了解，而且刘某心地善良，勤俭持家，离婚后重新寻找新的伴侣并不容易，草率离婚只会徒增后悔。

随后，社会工作者们请张某到调解大厅思考权衡，请刘某到居民委员会。此时，社会工作者分头进行调解工作。社会工作者董某在调解室，对刘某进行说服；社会工作者吴某则在调解大厅开始与张某以心换心地继续交谈。在调解室，刘某倾诉自己为家庭作出的牺牲，以及这么多年辛苦打工挣的钱都用来还买房欠款。但是，由于自己身处异乡，母亲和弟弟搬过来不久，却得不到张某家人的尊重，甚至家里的事情也是张某与妹妹商定。张某很少打电话关心她，心里得不到安慰。董某首先对刘某的遭遇表示同情，给予安抚。接着，董某传达张某对刘某付出的认可，并指出张某已经认识到“大男子主义”是错误的，而且离婚也是因为婆媳、姑嫂关系不和才提出。最后，董某询问刘某对婚姻还有什么顾虑。刘某提出，其一，住房房产证登记的名字现只有张某及儿子，对此非常担心；其二，双方因购房欠张某姐姐 45000 元（另赠予 10000 元），而张某主张若离婚则 10000 元也是债务；其三，此次回家又借张某朋友 15000 元，怕张某不承认；其四，家庭日常开支应当共同承担，儿子不能跟着信佛的婆婆念经；其五，自己还是农村户口，想迁入天津城区。

紧接着，社会工作者让刘某来大厅，请张某到谈话室。吴某、董某则继续在大厅与刘某交谈。吴某首先指出婆媳之间的关系紧张是现代社会中一种普遍现象，张某作为儿子和丈夫，在其中如何平衡夫妻情与母子情是判断其成功与否的一个重要指标，也是经营夫妻感情的一门艺术。然后，吴某将刘某的委屈和顾虑详细传达给张某，并表示刘某也是通情达理之人，会凭良心讲话。吴某开始详细解释：其一，婚姻期间的房产属于夫妻共同所有，无论登记的名字是夫妻哪一方。其二，张某姐姐借钱时已说明45000元是欠款，10000元是赠予。这种赠予在法律上已经生效，不因是否离婚而改变。其三，张某朋友借钱一事是否属实？张某承认。其四，小孩抚养应从其身心健康的长远角度考虑。其五，因在城区有住房，办理城市户口很容易。张某没有意见。吴某询问张某是否还有其他问题。张某提出各自工资收入如何管理的问题。吴某提出过渡性方案：各自将同一账户的银行卡一张和存折一本交给对方，密码自己保管，每月将自己的工资，扣除必要生活费用后，将余额存入该账户。张某表示同意。分歧逐步缩小之际，吴某再次让张某到大厅，请刘某到谈话室，将已经形成的共识传达，并征询其对财物管理方案的意见。刘某对此没有异议。

最后，社区工作者们先行进入调解室，认为共识已经达成，争议焦点已经找到双方接受的方案，协议达成的时机成熟，遂决定将双方当事人同时请到调解室。社会工作者们指出双方没有根本分歧，双方都要忘记以前的各种矛盾，尽量改正自身的缺点，共同面向未来。张某表示要尊重刘某，刘某表示以后会真心对待婆婆以及小姑子。社会工作者宣布双方当事人自愿达成如下协议：(1) 双方同意和好；(2) 双方承认西青区三层一组三层楼房一套，系夫妻双方与父母共同购买，其中夫妻共同出资10万元，其余为父母出资，天津市××庭院A区2幢1单元302号住房系夫妻婚姻存续期间购置的共同财产，双方因购房欠被申请人姐姐45000元（张某姐姐同时赠予双方10000元）以及刘某借给张某朋友15000元系双方共同债权债务，张某还其姐姐的45000元时，必须每次都由其姐姐出具收条；(3) 各自将同一账户的银行卡一张和存折一本交给对方，密码自己保管，每月将自己的工资，扣除必要生活费用后，将余额存入该账户，家庭日常开支双方共同承担；(4) 双方一致同意共同抚养小孩健康成长，共担费用；(5) 张某同意并协助刘某迁入天津城区（××庭院所在地）；(6) 双方同意共同到房产部门将××花园住房所有权人更改为刘某和张某及其儿子；(7) 双方同意多沟通、交流，坦诚相待，互相关心和照顾，刘某同意做好自己母亲的工作，张某同意做好自己母亲和妹妹的工作，相互谅解，共同维护大家庭的和睦。

双方对上述协议均表示认可，而此时已是下午 2：30，“连续作战”已经 5 个小时。下午 4：30，张某与刘某准时带着 7 岁的儿子来到蒙古路居民委员会对社会工作者们挽救了他们的婚姻和大家庭深表谢意。

五、总结评估

通过以上活动的实施，能最大限度整合各类资源，在政府的统一管理和支持下，发挥社会组织自身的优势，参与并执行社会政策，将社区资源和社会力量科学结合，最大限度地发挥社会组织在社区建设的重要作用，进一步完善社区服务体系。最大意义在于，引入专业化社会工作，探索社区服务新途径，并加以普及和推广。

六、专业反思

面对社区内纷繁复杂的各个条口，救助、卫生、志愿帮扶、为老等急需专业人员，现志愿者人数不少，但由于来自社会的方方面面，缺少更为专业的队伍。社区在以后的志愿活动中，应吸纳更多专业工作者来到社区，指导帮助志愿者提供更为贴心的为民服务。

（作者单位：和平区劝业场街道蒙古路社区）

邻里矛盾　巧化干戈

赵景铭

一、背景介绍

居住在和平区五大道街道澳门路社区马场道的居民张奶奶是一幢老式公房二楼住户。刘某为一楼住户，刘某因个人原因需要将一楼的住房重新装修。张奶奶是这幢房子的老住户，认为老式公房年代久远，对这幢房子有很深的感情，误以为刘某随意装修，改变房屋结构，会影响住宅的安全。张奶奶与刘某交涉，试图阻止刘某装修房屋，后在言语上发生冲突，吵了起来。老人因年事已高，身体产生不适。

二、分析评估

基层矛盾纠纷很多情况下是由于居民群众片面地维护自身权益造成的，这次事件中，由于装修问题产生的矛盾分别涉及了双方的个人权益，要坚持依法调解与友情调解相结合，切实从根本上解决居民的矛盾。

三、服务计划

（一）服务目标

化解居民之间的矛盾纠纷，解决居民的疑虑，做到小事不出社区。

（二）服务策略

通过聊天等方式安抚当事人的情绪，了解事件起因，解决双方矛盾。

（三）服务程序

1. 安抚两位当事人的激动情绪。

2. 了解事件起因缘由。

3. 从了解的情况中寻找矛盾点、突破口。

4. 通过适当方式对两方同时或先后进行事件分析、讲解，化解当事人内心的怨气，解决双方当事人激化矛盾的问题。

四、服务计划实施过程

事情发生在周六中午，在居民委员会值班的工作人员了解情况后，立刻赶到现场，先对双方进行劝导，安抚情绪，劝张奶奶平复情绪注意身体，之后向双方了解事情的起因，了解了张奶奶的忧虑，工作人员表明会重视这个问题，并让张奶奶放心，不要过于激动，会尽快解决问题。由于事情发生在周末，社区值班的工作人员在进行劝导后双方情绪平复后，又及时向居民委员会主任汇报，主任了解情况后十分重视。刘某表示不会再与张奶奶发生冲突，值班的工作人员向张奶奶说明装修是否影响房屋的居住安全，需要房管站的专业人员来鉴定。

周一一早，社区居民委员会主任立刻联系房管站，房管站负责人也及时安排人员来到现场进行鉴定刘某装修是否破坏房屋结构，是否存在安全问题。经鉴定装修对房屋结构没有破坏，对居住安全没有影响，张奶奶这才放心下来，连忙主动与刘某和解，表示自己当时过于冲动，言语有些不当，不要介意，她也是为了大家的安全着想。刘某也表示作为年轻人不应与老人发生冲突，并向张奶奶道歉。经过社区居民委员会的调解，张奶奶与刘某化干戈为玉帛。张奶奶和刘某，表示多亏了社区居民委员会主任以及工作人员对矛盾的及时处理，专业的工作能力，以及对问题的掌控，才能顺利快速地将事情解决。

对于此类邻里纠纷引发的案件，工作人员认为在调解中应冷静地处理问题，耐心劝说，巧妙地化解双方的负面情绪，了解相应的法律知识、工作流程，讲明道理。只有这样，才能使调解工作事半功倍，妥善解决当事人的争议，化矛盾于无形。

事件发生后双方当事人情绪都比较激动，不能冷静、理性地处理矛盾。调解人要保持自身的冷静，不能因为矛盾双方某些行为使自己陷入激动的情绪当中。要保持冷静的情绪，冷静地了解问题，分析情况，耐心劝说。

五、总结评估

调解时可以适当向居民表达同理心、认同服务对象的感受。采用这种方式能够使服务对象尽快对人民调解员产生认同感，更容易接受居民委员会工作人员的劝解，为顺利开展调解工作打下坚实的基础。但要注意不能一味顺着服务对象表达对另一方的愤怒，否则会进一步强化服务对象的对立情绪，阻碍调解的开展。

因为有各种各样的矛盾纠纷，所以出现问题时，也必须了解可以解决相关问题的职能部门，以及工作的流程，出现问题及时联系这些职能部门，有利于问题的顺利解决。

人民调解没有强制性，所以在调解工作中一定要抓住双方矛盾的症结所在，以此为切入点，摆事实，讲道理，让双方明白此前过激行为的严重性，进而解开内心的疙瘩。

同时，在调解过程中还可运用“旁敲侧击法”“换位思考法”等调解手段，侧面进行劝导，让双方互相理解，以帮助完成案件的调解工作。

六、专业反思

一是要达成共识，巩固成果，进一步加大矛盾纠纷排查调处力度，维护群众根本利益，保持社会稳定。

二是充分发挥群治群防队伍作用，确保信息畅通，掌握矛盾纠纷排查调处主动权。

三是加强返乡务工人员的管理，及时排查化解矛盾隐患。

四是亲民爱民，在源头上预防，着力解决一些老百姓反映最迫切、最关心的问题。

（作者单位：和平区五大道街道澳门路社区）

育文坊社区案例

袁　杰

一、背景介绍

和平区五大道街道育文坊社区云南路33号居民，因为一直使用总表，出现亏水现象多年，亏水严重，几户居民闹意见。导致暑热天气楼上居民生活不便，居民找到社区居民委员会，希望能解决这一困扰大家多年的问题。

二、分析预估

此类案件属于社区内常见的纠纷，一般来说属于双方或者几个人之间的公共区间或者有一方侵占他人利益或者双方有积怨矛盾存在，此类案件重点在于找出双方的共同利益点与双方协调处理，尽量让双方满意。

三、服务计划

（一）服务目标

1. 通过调解解决居民纠纷。
2. 通过此次调解将多年历史遗留问题彻底解决。

（二）服务策略

通过向周边邻居了解问题，循序渐进逐个解决。

（三）服务程序

1. 与各方分别了解情况后，举行座谈；
2. 了解各方要求意愿并告知各方；
3. 将各方拉到一起进行座谈协商有分歧的问题，并由相关部门联合解决。

四、服务计划实施过程

楼上三户居民找到居民委员会要求调解，居民委员会立即挨家挨户进行走访，居民委员会将此结果转告给居民，请居民耐心等待，并向自来水公司咨询。

与此同时社区安排网格员下片向其他邻居了解情况，通过邻居积极配合，网格员基本了解了事情的来龙去脉。

在此基础上居民委员会提出如下建议：

1. 收取居民水费要有依据；
2. 联系自来水公司，询问是否管网出现问题；
3. 查明原因后建议安装分表，居民感到非常满意。

五、总结评估

通过社区调解总体来说此次纠纷得到圆满解决。社区居民委员会是居民间沟通的桥梁。当居民遇到类似纠纷时，社区调解就显得尤为重要。要学会依靠人民调解来解决居民纠纷，更好地为辖区居民服务，利用网格员走访入户的环节，更深入了解了邻里之间的纠纷往往是因一些小矛盾所产生，而这些貌似简单的小事处理不好就会造成矛盾激化，严重者还会出现一些违法犯罪的事情，成为社会不稳定的因素。社区作为居民自治组织，想要做好“小巷总理”，必须在居民中发挥能量，化解一切矛盾，使社区的调解工作再上新台阶，也促进了邻里和谐相处。

六、专业反思

在调解过程中，让双方当事人先后听取对方的陈述和苦恼，矛盾缓和后，再引导双方换位思考，从对方的角度考虑问题，有效地增加当事双方心理上的沟通，让双方能够互相谅解、转变态度。在这一案例中社区本着“人民调解为人民”的处理原则，发现矛盾焦点，有效地化解矛盾，大事化小、小事化了。尽量控制双方不激化矛盾，促进矛盾的妥善解决。赢得当事人的信任，倾听当事人的心声。调解信为先，尊重当事人。在感情上始终要贴近民众需求，真心为民，取得当事人的信任。为进一步地调解工作打下坚实基础。这一案例中社区及楼院长参与调解，最大限度地做好调解工作。组织协调各部门，发挥各部门调解的良好作用，做好人民调解工作，维护社会稳定。既解决了邻里之间的矛盾，又增强了居民对社区的信任感。

近年来，育文坊社区掌握正确的调解方法，随着社会主义市场经济体制的建立和发展，以及各种利益关系的调整，出现了许多新的社会矛盾，矛盾纠纷的主题、内容日益多样化、复杂化。许多纠纷如果不能及时有效地化解，有可能发展为群体性事件，甚至激化为刑事犯罪案件，严重影响社会的安定。对此，唯有掌握正确的调解方法，才能提升整体化解矛盾纠纷的能力，更好地为创建和谐社区服务。在解决纠纷时，一方面要求当事人双方换位思考，即站在对方的立场，多为对方想一想；另一方面就是当人民调解员受到当事人埋怨的时候，要站在当事人的角度，客观思考，从而促成问题解决。就当事人而言，换位思考有利于双方在思想上的沟通。当事人只有通过换位思考，从对方的立场看问题，才能真正理解别人的想法和感受。只有让当事人双方互相了解对方的想法，与对方真诚交流，才能达到互谅互让。如案例中的调解办法，经社区居民委员会主任调解，做思想工作，动之以情、晓之以理，最终成功解决纠纷。

（作者单位：和平区五大道街道育文坊社区）

物业纠纷典型案例分析

郑　瑾

一、背景介绍

和平区南市街道庆有西里社区同方花园6号楼赵大爷（化名），因为喜欢猫，不仅家中喂养了多只猫，还在地下车库喂养了许多流浪猫。可这一善举却造成流浪猫越聚越多，给很多业主的车辆造成抓痕，并毁坏了多处的暖气管道保护层，引起很多业主不满，纷纷向物业公司投诉。物业公司劝阻多次无效。2015年夏天的一个早上，赵大爷发现地下车库流浪猫死了，认为物业公司的保安人员故意杀死了他的猫。赵大爷在地下车库给猫做了祭奠仪式后，带着激动而悲愤的情绪来到社区居民委员会，哭诉物业公司把自己养的猫都弄死了，在此过程中由于情绪激动自己还服用了救心丸。

二、分析预估

赵大爷70多岁，身体较差，随身带着治疗心脏病的药物。他个性孤僻，不善交往，喜欢小动物，特别关爱流浪猫，在流浪猫上花费了很多精力和心血，曾经为了养猫和物业公司发生过矛盾。此次来居民委员会的目的，是想表达看到流浪猫死亡的悲痛的心情，投诉物业公司不道德的做法，表达关爱流浪动物的思想。

三、服务计划

（一）服务目标

1. 疏导服务对象的情绪。

2. 帮助服务对象认识到自己喂养流浪猫的善意带来的利弊，客观地看待问题，而不是凭直觉去针对物业公司。

3. 促进服务对象与物业公司的沟通，增进彼此了解，消除误会，达到关系和谐。

4. 增强服务对象与他人接触沟通的勇气，鼓励服务对象结交朋友，参加社区活动融入社会。

（二）服务策略

对服务对象开展个案工作，选择直接介入的行动及策略。

1. 帮助服务对象宣泄由本事件带来的悲痛、气愤的情绪，给予适当回应。对其关爱动物的行动给予支持。防止这一事件对其身心造成的伤害。

2. 瞄准服务对象当前需求。

3. 担任教导角色，协助服务对象认识善举的利弊。运用影响力，劝导、说服改变服务对象非理智看待事件的观念。

4. 调查事件真相，进行调解行动。帮助服务对象改善和物业公司、业主之间的关系。

5. 将焦点放在帮助服务对象恢复社会功能和发挥功能上。促成服务对象有效行动。

（三）服务程序

1. 通过谈话对服务对象进行情绪疏导。

2. 进行事件调查，且进行调解。

3. 恢复服务对象社会功能。

四、服务计划实施过程

1. 首先在与赵大爷谈话中，用倾听、关切的态度切入话题，以减轻赵大爷的负面情绪。以轻松的谈话方式，同感的心理表示对赵大爷此时心情的理解，并在保护流浪动物的观点和善举上给予肯定和支持。疏导赵大爷负面情绪，尽量减少情绪带来的身心伤害。

2. 当赵大爷情绪得到稳定后，与其探索喜爱动物的根源，是由于赵大爷平时不爱出门，不喜欢与陌生人交往，感到孤独，把小猫当作自己的亲人一样看待，失去了小猫就像失去亲人一样。并且曾经在此问题上与物业公司产生过矛盾，因此断言是物业公司杀害了他喂养的猫。

3. 在谈话中了解到赵大爷的需求，就是控诉物业公司的不道德行为，找居民委员会评评理，希望社区出面管管物业公司。于是工作人员表示物业管理确实在社区管理服务范围内，物业公司做得不对的地方，社区有责任去纠正。同时，工作人员运用影响力、说服劝导的技巧，与赵大爷一同分析在地下车库喂养流浪猫的利弊。好处是保护了流浪小动物，可是同时带来的负面影响，是猫的爪子给很多业主的车辆带来了抓痕，对暖气管道保护层造成了破坏。许多业主产生不满，投诉物业公司，给物业公司的管理也带来了压力。如果业主们集体利用法律手段诉讼赵大爷，那么由于他养的猫给别人带来的财产的损失将由他来承担，这将是一笔不小的费用。引导赵大爷认识到自己非理性主观看待问题，认为是物业公司杀害的小猫，是非常不理智的想法。赵大爷一开始只想着自己的猫受到了伤害，并没有意识到自己善意的行为带来的严重后果，冷静后表示今后不会再在地下车库养猫了。

4. 事后对此事件进行调查。分别对物业公司、一些业主进行询问和访谈。得知赵大爷在地下车库养猫业主的意见很大，物业公司因此事影响了物业费的收缴率，对赵大爷也有所不满。但是流浪猫的死亡并非物业公司所为，而是流浪猫误食了灭鼠药。化解了赵大爷与物业公司的误会及对矛盾进行调解，改善了双方关系。

5. 社区专门举办了“如何依法保护流浪动物”的宣传活动，邀请赵大爷和部分业主参加。在活动中，在社区骨干及志愿者带动下，让赵大爷敞开心扉讲出了自己爱护小动物的情结，促使其增强沟通、交往能力，化解与其他业主的矛盾，使其融入社区和社会。

五、总结评估

成效评估：赵大爷的爱心得到了释放，交往的需要得到了满足，被业主误会的压力也得到了缓解。

六、专业反思

在开展个案工作过程中，尤其是调解案件中，工作人员要始终保持中立的专业关系，站在中立立场去解决问题。特别是要注意适当地运用“同感”的方法去体会和理解服务对象的感受，工作人员应本着平等的、真诚的态度，使谈话变得轻松、愉快。作为工作人员要有能力引导服务对象的讲话，学会灵活运用各种沟通技巧开展访谈，要时时关注服务对象的心理变化，尽快获得其信任。此外，培养服务对象面对现实的能力，学会从多角度出发去思考，学会正确、客观而理性地分析问题。最后，需要强调的是，调解工作不是光解决眼前面临的问题，更重要的是发展服务对象自我解决问题的能力，从而提高他对社会的适应能力。

（作者单位：和平区南市街道庆有西里社区）

夫妻矛盾起纷争　耐心调解促和谐

姚　捷

一、背景介绍

北辰区集贤里街道泰来西里社区讷河里5号楼7门303室居民李磊（化名）的妈妈刘金丽（化名）于2015年7月10日来到居民委员会请求帮助，反映李磊脾气暴躁，儿媳张茹（化名）性子慢，两人因为生活琐事最近经常争吵。有时儿子急了还会动手打儿媳，现在夫妻闹到要离婚的地步。双方老人反复劝说无果，找到居民委员会请求给他们双方进行调解。

二、分析预估

泰来东里居民委员会的调解委员会主任、调解员来到刘金丽家中详细询问了儿子、儿媳妇及一家人的情况，并在平时走访入户时也向周边邻居了解部分情况。通过对小夫妻基本情况、经常发生矛盾纠纷的事项进行梳理分析，找到了小夫妻经常吵架的症结，由于小夫妻俩都没有正式工作，家庭没有稳定的经济基础，而且婚姻状况是再婚并且孩子尚小，平时生活都是依靠双方父母接济，家庭生活经济基础不牢固，夫妻之间缺乏有效沟通，导致矛盾频发。

三、服务计划

（一）服务目标

通过调解帮助夫妻化解矛盾冲突，消除误解与隔阂，修复夫妻感情，促成双方和解。

（二）服务策略

通过耐心沟通、调解，缓解双方僵持局面。找出双方问题所在，对症下药。

（三）服务程序

1. 约定时间和双方进行会谈。
2. 会谈时注意倾听双方观点及所提要求。
3. 做好会谈记录。
4. 根据双方提出的意见进行梳理，找出问题所在对症下药。
5. 对所采取的方法和所取得的成效进行总结反思。

四、服务计划实施过程

2015 年 7 月 11 日和 12 日，调解委员会委员分别邀请李磊夫妇到居民委员会进行单独会谈，了解他们的真实想法，对现状的不满以及在婚姻生活中对双方应尽责任义务的期许。通过会谈，调解员了解到，这对夫妻还是有感情基础的，只是目前家庭没有稳定的经济基础，过于依赖双方的父母并长期分居导致男方脾气暴躁，由此产生矛盾并经常吵架，造成彼此的误解更深，使彼此对婚姻感到没有安全感。通过耐心细致的交谈，调解员找到夫妻双方各自存在的缺点加以指正并要求双方认真反思。同时要求夫妻俩要考虑到年幼儿子的健康成长，分析了离婚会给儿子幼小心灵带来的伤害。要他们双方回去后好好考虑，要从现实出发，试着从对方的角度考虑问题，以包容和理解的态度去接纳对方。然后通知他们择日一起到调解委员会进行面谈。7 月 15 日调解委员会委员邀请双方来到调解委员会进行调解，首先要求双方开诚布公，坦诚相待。双方由开始的互相指责、埋怨、各自阐述立场，到最后通过调解委员会主任、委员的耐心调解，说服教育，最终诚恳接受调解员的意见并答应接纳对方给婚姻再一次机会。调解委员会主任、委员答应协助双方找到适合他们的工作，缓解家庭的经济压力。此次调解经过 5 天 3 次历时大约 5 个多小时的谈话使双方达成和解。

五、总结评估

在本案的调解中，社区调解委员会深入了解情况，细心观察当事人的反应和情绪变化，打开当事人的心结，让他们说出真实的想法，本着互谅互让、共同承担家庭责任的原则，入情入理加以调解，找准症结后再进行调解。经过调解委员会 5 天 3 次的耐心调解，逐渐做通了双方当事人的工作取得对方的谅解，最后双方答应试着从对方角度考虑问题，消除了分歧，给双方的婚姻再一次机会，共同承担家庭责任。本次调解有效地缓解了家庭矛盾，增进了家庭和睦。

六、专业反思

家庭是社会的基本组成部分，和睦的婚姻家庭关系，有助于社区和谐与稳定的维护。在日常生活中，随着夫妻双方相处时间增长，生活各方压力的增大，在缺少有效沟通的情况下，只是一味地埋怨对方，法律也往往难以为当事人提供直接有效的帮助，因此常发生婚姻家庭纠纷。

社区调解员的一项重要职责就是将矛盾、纠纷化解在萌芽状态，形成维护安定团结的“第一道防线”。通过动之以情、明之以理、晓之以法，帮助当事人达成调解。在稳定事态的基础上，做好当事人的思想工作，进行亲情教育，以情感人。对待矛盾双方一定要态度真诚，调处过程中要有绝对的耐心。要善于听取各方意见，要冷静分析事情的内在缘由。进行伦理道德教育，以德服人，进行法律法规教育，以法服人，及时化解矛盾纠纷。

婚姻家庭中的调解纠纷，应当秉持公平优先，应当对夫妻双方的优缺点以及对家庭的贡献进行基本的衡量，在此基础上促成双方形成协商的可能性。只有有效地贯彻公平原则，才能使双方对调解建立信任，并愿意通过调解寻找可能的纠纷解决方案。

（作者单位：北辰区集贤里街道泰来西里社区）

利用多种方式　巧妙解决家庭矛盾

刘　祥

一、背景介绍

2016年1月28日，东丽区和顺西园社区开展了“春节老年人慰问入户”工作，为每位老年人准备了一桶调和油，一箱柴鸡蛋。由街道民政部门组织，社区居民委员会积极配合响应，希望社区80周岁以上的高龄老年人，能过一个祥和、幸福的春节。

和顺西园社区共有80周岁及以上老年人58位，社会工作者在入户慰问到和顺西园四区张大爷家时，发现张大爷与儿子关系十分冷淡，儿子对张大爷的身体漠不关心，并对社区工作者的慰问入户，有抵触情绪。

二、分析预估

（一）收集资料

和顺西园社区是因占地还迁组建的社区，通过走访原来村民委员会领导，张大爷家邻居，得知张大爷自从老伴儿去世后，与儿子张大哥一同居住。

张大爷，82周岁，丧偶，退休工人，家住和顺西园四区×号楼×门×栋。

张大哥，张大爷长子，59周岁，已婚，物业公司保安，家住和顺西园四区×号楼×门×栋。

张大姐，58周岁，张大爷长女，退休，家住无瑕花园民惠里×号楼×门×栋。

在走访张大爷邻居时，得到信息一：2015年1月，社区进行了房屋产权登记办理，张大哥对张大爷的房屋产权持有人名称很不满。之后父子矛盾误解越来越多，发生矛盾频密。

在村民委员会得到信息二：张大爷房本登记了张大爷的姓名，张大哥认为父亲张大爷同自己居住，自己就应该是房屋产权人。没有登记房本前，父子关系十分亲密，张大哥对父亲十分孝顺。

（二）分析问题

通过信息分析，张大哥因为张大爷将房屋产权人名字写到张大爷名下而十分不满，认为自己照顾父亲比较多，父亲的财产应该全部属于自己，自己应该拥有全部的继承权，而张大姐已经嫁人，父亲的财产若是张大爷的名字，张大姐就拥有继承权，张大哥与父亲关系变得十分紧张，开始对张大爷的事情漠不关心。

三、服务计划

（一）服务目标

消除张大爷与张大哥的误解。

（二）服务策略

1. 针对其家庭状况，为张大爷争取各个方面的可利用资源，改善其家庭状况。
2. 利用法律知识，使张大哥明白自己思维上的偏差。
3. 建立父子沟通平台，相知相解，使张大爷安度晚年。

（三）服务程序

1. 邀请张大哥观看道德孝敬父母宣传片，地点在社区道德讲堂。
2. 组织律师进社区讲解法律知识，地点在社区道德讲堂。
3. 组织张大哥参观老年人活动室，邀请加入社区志愿者。
4. 最后回访张大爷与张大哥的父子关系是否融洽。

四、服务计划实施过程

2016 年 1 月 29 日，利用社区道德讲堂，制作了一些孝敬父母的视频，邀请张大哥前来，张大哥看后心情十分复杂。社会工作者跟张大哥介绍了社区近期要请专业的律师来社区开办讲座的想法，张大哥答应来听讲座。

2016 年 2 月 1 日在社区道德讲堂，请来了何律师对《中华人民共和国继承法》《中华人民共和国老年人权益保障法》进行了讲解，张大哥在讲座后主动向何律师咨询一些与自己相关的事情。社区工作者与张大哥恳谈，倾听了张大哥的一些想法，介绍了子女应该履行的责任与义务，从法律上说，不光儿子拥有继承权，女儿也拥有继承权，这是不争的事实，孝顺父母是中华民族的传统美德。明白了自己的思维偏差，张大哥表示要改正自己不正确的观念，像以前一样照顾张大爷，让张大爷安度晚年。

2016 年 2 月 5 日，社区工作者邀请张大哥来到社区老年人活动室，看到社区中的老年人在这里打麻将、斗地主、运动健身、看电视、演唱黄梅戏等，看到老人们的一张张笑脸，张大哥联想到自己父亲的生活，心情非常复杂，社区工作者向张大哥介绍，社区拥有配套的老年人娱乐场所，社区也对有困难的老年人提供居家养老服务，希望张大哥能够与社区工作者一起为老年人的老有所养、老有所依、老有所乐贡献自己的力量，让张大爷也加入社区“夕阳红”中，诚恳希望张大哥加入社区养老志愿者队伍中来，帮助张大爷在社区活动室中找到自己喜爱的活动，并且帮助一些年迈的老年人快乐活动。

2016 年 3 月 10 日，张大哥带着张大爷来到社区老年人活动室看电视，并主动要求打扫社区老年人活动室卫生，明确表达了自己希望参加社区志愿者队伍。

2016 年 3 月 20 日，社区工作者去张大爷家回访，张大爷和张大哥正在对弈，社区工作者告诉张大爷，社区活动室中的几个老棋友还等着他下象棋呢！张大哥告诉社区工作者，张大爷在拿自己练棋谱，好在社区活动室中露一手，张大爷听后笑得十分开心。

五、总结评估

（一）成效评估

本次服务计划综合考虑到服务对象自身家庭状况和服务对象的心理需求及其家庭和社会环境等多重因素的影响，采用了人本模式、任务中心模式等多种方法相结合介入个案，除了社会工作者与服务对象的直接面对面的个案访谈治疗外，还将社区的资源整合到服务对象的治疗中，从而有助于服务对象自我能力的提升，并进一步改善家庭条件，使之积极地面对问题。

（二）自我评估

社会工作者在整个活动中，始终以积极的、平等和接纳的态度对待服务对象，严格遵守社会工作者的各项基本职业道德准则；同时，合理运用针对老年人个案工作技巧，包括交流技巧，解决问题技巧，改变行为技巧，利用倾听、引导、反馈、总结等沟通技巧，让服务对象重新调整自我概念，认清自我；并使服务对象学会利用周围资源，提高服务对象解决问题的能力。

六、专业反思

在开展个案的过程中，要注意充分运用各种方法和技巧，把理论和实际结合起来。初步接触服务对象时，从服务对象感兴趣的话题入手，逐渐取得服务对象信任。要遵守个别化原则，对于不同情况的服务对象，采用不同的服务模式。要充分认清工作员的角色，在开展个案的过程中，要做到共情而不过分卷入。充分和合理利用服务对象自身可利用的资源，调动一切积极因素来为服务对象服务，最终让他们能与周围的环境和谐相处。

（作者单位：东丽区和顺西园社区）

秋霞里社区人民调解典型范例

翟　蕾

一、背景介绍

东丽区无瑕街道秋霞里社区居民张某，男，多年前购买一条渔船，停泊在天津海河沿岸。2015 年 6 月，社区居民翟某到海河沿岸捕鱼，碰坏了张某停靠在河边的渔船，因当时无其他证人在场，翟某便没有向张某道歉并承认自己的过失。几天后，张某来到河边，看到自己损坏的渔船并在船上发现了翟某的衣服和渔网后，找到翟某理论，翟某则否认自己损坏了张某的渔船，但物证确实存在，两人便因此发生争执。张某找到居民委员会进行调解并拨打 110 报案，要求居民委员会进行调解。

二、分析预估

（一）对张某的预估

张某，年龄 83 岁，因年事已高，身体健康状况一般。加之自己停靠在岸的渔船被翟某损坏，且因翟某不肯承认自己损坏了张某的渔船，不予以赔偿，导致张某情绪激动。

从感受性来看，张某的渔船被损坏，但对方不承认自己的过失，并不予以赔偿。加之自己年事已高，容易对张某的心理造成伤害，产生情绪激动等一系列不良反应。

（二）对翟某的预估

翟某，年龄54岁，中年失业。身体健康状况良好。由于多年失业，导致家庭经济状况欠佳。2015年6月，翟某去河边捕鱼，不慎弄坏了张某停靠在那里的渔船，但因当时无证人在场，且因经济条件原因，不承认损坏了张某的渔船。心存侥幸，不承认实情，不予以道歉和赔偿。

三、服务计划

（一）服务目标

通过协调，稳定双方情绪，了解诉求。解决张某与翟某之间的矛盾，保证社区和谐发展。

（二）服务计划

1. 了解张某、翟某双方背景。包括身体状况、家庭成员、经济状况、心理发展等。为进一步进行会谈打下良好基础。

2. 会谈。分别与张某、翟某沟通，确定会谈时间、地点等。

3. 进行会谈。了解当事人的诉求及希望通过何种方式解决问题，如何进行补偿。选择合理的介入方法，使问题得到解决。可运用危机干预、物质支持、心理辅导等多种形式。

4. 解决问题，达成共识。

（三）服务程序

服务程序包括：接案、预估、计划、介入、评估、结案几个程序组成。

四、服务计划实施过程

（一）了解双方当事人

2015年6月，接到此案后，社区综治办负责人立即对此事件进行充分了解。

（二）会谈

在对双方进行初步了解后，与双方协商进行会谈。

通过张某描述，自己并没有任何其他想法，只想通过居民委员会及民警协调，求得一个说法、一声道歉。在张某描述过程中，只要翟某承认是他不慎损坏了自己的渔船，甚至可以不索求赔偿，因为他知道翟某的经济状况并不好，只是为自己讨一个说法。毕竟自己年事已高，因为此事动怒伤了身体不说，也伤了邻里和气。社区相关负责人对张某的需求进行了详细了解及记录。

事发后第四天，与翟某协商，来到居民委员会进行会谈。起初翟某始终不肯承认是自己损坏了张某的渔船，说话吞吞吐吐。但他衣服和渔网确实是在张某船上被发现的。社区相关负责人告诉翟某，只要承认是他不慎损坏了张某的渔船，并诚心实意地向张某道歉，张某并不需要对渔船进行赔偿。在听到居民委员会负责人这番话之后，翟某终于向居民委员会负责人及民警讲了当天的实情。确实是自己在捕鱼过程中不慎损坏了张某的渔船，但发现四下无人之后，便慌慌张张地脱下捕鱼的衣服回到家中，却忘了自己的衣服和渔网放在了张某的船上。听到此番话之后，居民委员会负责人及民警对翟某讲了张某的诉求，询问是否可以同张某见面，主动向张某道歉，了结这一事件的纠纷。经过劝说翟某也认识到自己的过失，同意向张某道歉。

（三）化解双方问题

与双方协商后，确定了时间同时到居民委员会进行调解。翟某主动向张某道歉，承认了自己损坏渔船的事实，张某也心平气和地接受了翟某的道歉，双方化解了此次纠纷。

五、总结评估

通过几天的了解、会谈，解决了此次邻里纠纷，使张某、翟某化戾气为祥和，使得友邻关系和谐发展。事后几天，为了巩固事件的完整，社区相关负责人通过张某翟某双方的左邻右舍反馈，得知张某翟某并没有因为此事耿耿于怀，关系和好如初。

六、专业反思

社区的社会稳定关系着社会主义城市化进程的大局，切实维护社区的稳定和谐，有利于居民在安稳的环境中生产和生活，有利于创建平安社区，维护居民的根本利益不受损害，保障居民的生命财产安全。秋霞里社区居民委员会贯彻落实居民安全稳定的各项要求和措施，积极与街道、公安等部门配合，预防和化解各类矛盾纠纷，加强了居民的法制教育，使普法教育渗透到居民的日常生活中去，推进平安社区的创建工作，努力营造居民安居乐业的社会治安环境。

（作者单位：东丽区无瑕街道秋霞里社区）

无瑕花园社区调解案例

何永焕

一、背景介绍

2015年2月26日，居住在4－2－202的居民张某来到东丽区无瑕街道无瑕花园社区居民委员会反映对现在的楼门长李某的工作不满意，认为李某作为楼门长并没有认真履行为居民服务的职责。

二、分析预估

服务对象所面临的难题，在小区内是常见的，但不是每家每户都能遇到的。社区工作者应积极且有效地给予化解，避免邻里间的不和，促进邻里更加和睦，共创美好社区。

三、服务计划

（一）服务目标

帮助社区居民在短时间内化解难题，尽快恢复正常生活。

（二）服务策略

发挥社区工作者平日里为民服务积淀的“好人气”，说服双方先冷静下来，由社区工作者组织社区内其他居民进行调解。在调解中，不仅要晓之以理、动之以情地循循善诱，还要审时度势地调控，并力争促成一个能让双方较为满意的调解结果。

（三）服务程序

第一，社区工作者劝说张某稳定情绪，然后向其他居民了解情况，及时跟楼门长李某进行沟通。第二，社区工作者择机向张某提出调解意向。第三，社区工作者着手准备重新选举楼门长的各项事宜。第四，组织该楼门居民重新选举楼门长。第五，由社区居民委员会主任宣布新任楼门长。

四、服务计划实施过程

张某对李某不满意的原因主要有两点，一是楼门内的公共电费由楼门长李某向居民收取，但李某没有合理地收取电费，每家的电费收取标准也不一致，电费使用支出不明确。二是没有带动楼门内的居民做好公共卫生，连自己家的楼道卫生都不做，怎么能维护好楼门卫生呢？

无瑕花园社区居民委员会工作人员来到 4－2 门对每户居民进行了解，对张某反映的问题进行核实。经了解确实有 5 户居民对楼门长李某的工作不满意，并提出不同的意见和建议。

经无瑕花园社区居民委员会研究决定重新对 4－2 门的楼门长进行选举。

首先，确定候选人。居民委员会工作人员让 4－2 门的所有居民推选楼门长候选人，经居民推选确定张某和李某为候选人。

其次，选举楼门长。2015 年 2 月 27 日居民委员会工作人员将做好的楼门长的选票分别发给 4－2 门的 12 户居民并填写选票，发出选票 12 张收回选票 12 张，张某得 10 票，李某得 2 票，张某当选为该楼门楼门长。

最后，社区居民委员会主任宣布由 4－2－202 的张某当选为该楼门楼门长。

五、总结评估

1. 张某和李某在社区工作者的帮助下及时化解了矛盾，恢复了往日的生活。

2. 社区工作者及时了解情况，解决了问题，避免社区邻里间的矛盾。

3. 在设置重选环节中，对各个步骤进行仔细的安排。

4. 在选举环节中，社区工作者对选票进行发放和收回。完成了最终的选举，最终选出新任楼门长张某。

六、专业反思

社区工作者应该注重整合社区资源和社会资源，因地制宜地开展旨在增强邻里沟通的文娱活动，如举办邻里节等。促进邻里和睦，遇事大家商量，做到小事不出楼门，大事不出社区。进一步促进邻里和谐，共创美好社区。

业主房屋被侵占　居民委员会调解在一线

冯　梅

一、背景介绍

河北区光复道街道君临天下社区总户数 2179 户，其中无人住空房 739 户，租赁户 676 户。由于大厦租户较多，导致业主和租户的矛盾日趋激化，成为居民委员会调解工作的重中之重。住在君临天下社区 × × 层 × × × × 号的马先生将自己的一套 97 平方米的房子通过中介公司租赁给了一名河南籍的刘先生，租期两年。签订合同之后马先生一家移民到新加坡定居。通过居民委员会走千家入万户工作的开展，居民委员会工作人员了解到马先生在租赁合同期满之后一年回国，回到自己位于 × × 层 × × × × 号的房子后，发现锁已经换了，马先生前往物业及房屋中介了解到，租户刘先生一家三口住在此房中，已经欠了一年的物业费未交，物业多次催刘某缴纳物业管理费，刘先生均表示要向房主催缴。业主马先生多次找寻租户刘先生解决问题，但刘先生总是破口大骂，多次动粗将马先生阻拦在门外，双方情绪均较为激动。业主马先生多次向房屋中介、物业公司提出要其配合解决侵占房屋问题，但均被两个单位拒绝。最终马先生迫于无奈请求居民委员会出面协调，居民委员会了解到这一情况后第一时间进行调解。

二、分析预估

1. 居民委员会的工作职责就是要帮助业主解决各种各样的问题，就是要站在业主的立场、角度考虑并解决业主的困难和问题（经济、就业等）。

2. 此问题牵扯多方面，业主马先生对租户刘先生不腾房的原因作详细说明，且需要进一步向房屋中介核实租房协议内容。

3. 租户刘先生不腾房的原因。需要详细向刘先生进一步了解，是经济困难还是存在合同纠纷。

4. 在进一步掌握情况的基础上，寻求法律依据（《中华人民共和国侵权责任法》《中华人民共和国物权法》等）。

5. 详细了解业主马先生与租户刘先生未达成和解的原因。

6. 详细了解业主马先生曾通过何种方法解决过该问题。

7. 详细了解租户刘先生家庭情况。

8. 安抚双方情绪，理性处理问题。

三、服务计划

（一）服务目标

通过居民委员会工作人员介入此事，达到在解决租户刘先生一家困难的基础上将位于××××社区××层××××号业主马先生的房子物归原主的目标。

（二）服务策略

1. 迅速应对事态。

2. 尽量减少双方损失。

3. 多方面协调矛盾。

4. 联合多部门解决问题（物业公司、房屋中介、派出所、法律服务中心、居民委员会等）。

5. 安抚双方情绪。

6. 了解问题产生原因。

7. 核实相关信息。

8. 寻求法律服务。

9. 对双方在解决争议过程中出现的困难给予适当的帮助（经济、就业等）。

（三）服务程序

1. 第一时间主动向业主马先生、租户刘先生、房屋中介、物业公司了解情况，发现业主在合同到期之后并未主动联系租户刘先生是否再次续约。租户刘先生由于是外地到天津市打工的临时工，自己所在公司倒闭，目前没有工作收入，妻子待业在家哺育 5 个月大的儿子，全家失去唯一经济来源陷入困难，无力支付房主马先生的房租，且在天津举目无亲，无任何安身立命之所。房屋中介由于工作疏忽，未能及时发现业主马先生委托其管理的房子被租户刘先生强占。物业公司在收缴物业费的过程中发现问题，但未能及时与业主马先生联系。

2. 召开协调会。由居民委员会出面联系业主马先生、租户刘先生、房屋中介负责人、物业公司、派出所，召开关于 × ×层 × × × ×号房屋问题的协调会。

3. 咨询法律服务中心，对在这一问题中涉及的法律问题、法律规定、相关法律精神一一进行归纳、整理。用于保障在整个调解中维护好双方的权利。

4. 安抚双方情绪。确保双方当事人能理性地解决矛盾，保障调解的有序进行。

5. 多方面听取业主马先生、租户刘先生、房屋中介、物业公司在问题解决方面的意见以及具体措施。

6. 在法律服务中心和房屋中介的配合下核实租赁协议相关内容，主要核实租赁起始日期、乙方租户刘先生违约的协议规定。

7. 对租户刘先生不腾房的实际困难给予适当帮助。

四、服务计划实施过程

通过多次和房主马先生沟通，了解到他自定居新加坡之后并未对位于 × ×层 × × × ×号的房屋进行过有效的管理，合同存续期间租户刘先生曾多次联系过马先生协商关于更换热水器等事宜，但房主马先生并未理会。通过居民委员会工作人员核实情况发现，在租赁协议中合同存续期间物业管理费由租户刘先生支付。通过居民委员会工作人员的调解，马先生表示房屋被刘先生侵占自己也有一定的过失，在房屋租期结束前并未及时主动联系刘先生。居民委员会工作人员将刘先生夫妻双方无业、孩子在哺乳期、在天津无依无靠的情况告知马先生，业主马先生表示如果刘先生能及时腾房，可以对刘先生进行一定的帮助。居民委员会工作人员通过和物业公司联系，说明了刘先生的情况，物业公司项目经理表示会向总公司请示，通过居民委员会的协调物业公司同意减免部分物业费。通过多次的走访和沟通，房屋中介同意在其连锁店中帮助刘先生免费找一间适合三口居住的房屋。

随着调解工作的持续开展，刘先生成为整件事件解决的关键，通过和刘先生的多次接洽，工作人员发现刘先生强占马先生住房也实属无奈。虽然对刘先生的遭遇表示同情，但同时居民委员会工作人员也明确表示并不赞成他因此欲非法侵占他人房屋的行为。通过多次沟通刘先生表示因自己的私欲给马先生以及各个单位带来的麻烦而深表歉意，最终业主马先生以全家人的名义资助租户刘先生5000元，刘先生也在居民委员会的帮助下找到了一份保安的工作，在房屋中介的帮助下在距离刘先生新单位不远的地方找到了新的房子，刘先生一家过上了相对稳定的生活。

五、总结评估

在这个案件中我们不难发现，只要能提供一个理性解决问题的平台，类似的矛盾是能够调解的，并非只有诉诸法律才能圆满解决。有些矛盾的产生并不能简单看待，应综合考量多方面。居民委员会在平常的工作中应该积极地搭建联合多部门处理问题的平台。

六、专业反思

依据大厦租户、空房较多的特点，社区居民委员会应在原有宣传的基础上加大对《中华人民共和国侵权责任法》《中华人民共和国物权法》等法律法规的宣传力度，并组织工作人员学习相关法律法规。聘请公益律师开展法律知识讲座，并进行免费的法律咨询、走进公开开庭的法院进行类似案件旁听、联系学校进行相关情景剧排演，在居民委员会组织的公开宣传活动中进行展演。

物业公司对大厦空房、租户进行系统化管理，对新增租户装修以及入住把好最后一道关口。

居民委员会工作人员联合相关部门对大厦的中介公司做好管理，防止此类问题激增，同时对大厦中介提供的租户信息进行保密。

居民委员会工作人员联合物业公司巡逻保安加大对大厦的日常巡逻工作，并画出楼层租户、空房平面图。

（作者单位：河北区光复道街道君临天下社区）

感化老人移走社区“垃圾山”

魏淳洋

一、背景介绍

河北区光复道街道庆安街社区逢云里有一位年过七旬的老人，数年来将自己捡来的垃圾全部堆放于社区内一处废弃平房的屋顶上，存放的垃圾可以用“山”来形容，每到夏天垃圾便散发出恶臭，直接影响了附近居民的日常生活，同时也存在严重的安全隐患，引发邻居的强烈不满。每当保洁人员试图清理垃圾时，老人便登上梯子爬上房顶，用生命“捍卫”自己的“劳动果实”，为了防止老人发生意外，清理行动也一次次被搁置。

二、分析预估

1. 问题影响恶劣引起居民强烈不满，及时向上级有关部门汇报，并制订初步解决方案。

2. 问题涉及老人及社区居民，需对双方情绪进行安抚，注意沟通方式，避免激化矛盾。

3. 垃圾蛆虫给居民生活带来严重影响，居民委员会工作人员需及时联系社区资源解决问题，并告知居民事态发展进度，安抚居民情绪，避免集体上访。

三、服务计划

（一）服务目标

1. 和老人进行沟通，帮助其改善生活环境。

2. 协调解决小区居民和老人之间的纠纷，共同维护社区良好卫生环境。

（二）服务策略

1. 协调居民和老人之间的纠纷，安抚居民、避免矛盾继续扩大。

2. 对当事者进行沟通劝导，并告知其问题严重性。

3. 联系社区资源（街道保洁队、物业公司等）对问题进行解决。

4. 做好后期维护工作。

（三）服务程序

1. 调解纠纷。

2. 与当事者进行沟通劝导。

3. 整合社区资源。

4. 解决问题。

四、服务计划实施过程

社区居民委员会第一时间向上级有关部门汇报目前情况并召开居民大会，协调居民和老人之间的矛盾，安抚居民情绪。将协调方案向居民及时通报，让居民及时了解事情的进展。居民委员会工作人员通过陪老人聊天谈心的方式消除老人的抵触情绪，向老人说明目前问题的严重性并对其进行劝导。为老人打扫房间、送去慰问品以行动感化老人，终获得老人同意将“劳动成果”清走，并承诺不再捡拾垃圾。居民委员会与上级相关部门（光复道街道城管科、物业办）即刻和物业公司进行协调并出动街道保洁队帮助清理垃圾（共20余车），恢复小区整洁环境。事后居民委员会物业专干及物业公司、居民代表及时对清理后的小区进行监督，做好社区卫生环境的维护工作。

五、总结评估

通过此次清理，不仅使小区垃圾得到彻底清除，环境得到改善，居民委员会人员还通过真诚和耐心拉近了人与人之间的距离，让居民感到温暖和尊重是化解难题的重要方式。

六、专业反思

通过此事件，使社区居民委员会工作人员认识到，做居民工作首先要找到造成问题的根本原因，要动脑筋想办法，既要圆满解决问题，又要不伤居民自尊心，更要拉近居民委员会与居民之间的距离，才能使居民更加信任居民委员会工作人员，把居民委员会当成真正的“娘家”，融入社区，回报社区，共同打造和谐社区美丽家园。

（作者单位：河北区光复道街道庆安街社区）

争夺监护起纠纷　积极调解促和谐

于晓菲

一、背景资料

河北区江都路街道乐山里社区庐山里居民赵强（化名），因身患各种疾病综合征，在丧失行为和语言能力且生活不能自理的情况下，无法指定自己的监护人。他的四个子女因家庭问题引发争执，且积怨颇深，二女儿为担任父亲监护人一事向区法院提起诉讼，法院受理后经多次调解，但兄妹四人对由谁担任父亲的监护人无法达成统一意见，最后法院委托居民委员会对四人进行调解并依法指定监护人。

二、分析预估

1. 赵强身患疾病，已丧失行为和语言能力，且生活不能自理，无法自己指定监护人。

2. 赵强四个子女多年因家庭各种矛盾积累，彼此成见很深难以达成统一意见，互不同意彼此担当监护人，法院经过多次调解但仍未能指定一人或多人担任赵强的法定监护人。

三、服务计划

（一）服务目标

确定赵强的法定监护人。

（二）服务策略

1. 查询有关法律法规，确定居民委员会有无义务和权利对无民事行为能力的人指定监护人。

2. 确定赵强是否丧失民事行为能力。

3. 分别与赵强四个子女进行面谈，了解情况，协调劝解，达成统一意见后，指定出监护人。

4. 赵强子女分别写书面申请，居民委员会根据申请内容，依法指定监护人。

（三）服务程序

1. 依据相关法律条例并向律师咨询，并与受理案件的法官了解案情，确定居民委员会是否有权利和义务指定监护人。

2. 让当事人出具医院开具的丧失民事行为能力的相关证明。

3. 分别和赵强四个子女面谈，走访邻居了解情况，找到他们想法的共同点和矛盾点，分别进行劝解，达成基本意见后，集中商谈，依法指定监护人。

4. 分别让赵强子女写出担任监护人的申请书。

5. 根据各自申请书的内容，由居民委员会依法指定监护人。

四、服务计划实施过程

接受赵强子女委托后，查阅相关法律法规，通过分别找四个子女沟通，走访邻居侧面了解，得知他们的家庭情况及需求想法。通过从子女那里得知，在母亲去世后，小妹和父亲一起居住，三妹住在他们楼上，自从其父得病生活不能自理后，就轮流照顾，但因为家庭内部矛盾较多导致积怨极深，各持己见，担当监护人的问题，很难达成统一意见，由二女儿向法院提起了诉讼。

针对四人关于其父亲监护权的问题，工作人员在交谈中了解得知：大哥因照顾方便等原因有独立担任监护人意向；二女儿有推荐三妹担任监护人意向；三妹有独立担任监护人意向；小妹有推荐大哥担任监护人的意向。居民委员会工作人员根据兄妹四人各自的诉求，再次查阅有关居民委员会对丧失民事行为能力人指定监护人的法律法规和相关流程，并接触受理案件的法院和法官，得知法律规定监护人可以由一人或多人担任的规定后，随即召集兄妹四人在居民委员会进行调解并指定监护人。

调解中，居民委员会主任依据相关法律条款，向四人说明指定情况，让他们结合自己的实际和意愿，书面提交监护申请书，按照申请书的内容及各自的现实情况，经过认真协调、综合考虑，初步达成由大哥和三妹一起担任父亲监护人。但最后决定时，因三姐提及小妹照顾父亲不周、想独吞父亲退休金等家庭矛盾时，导致小妹情绪激动，坚决反对让三姐当父亲的监护人。居民委员会工作人员又分别进行沟通调解，但由于兄妹之间积怨颇深、情绪激动无法进一步沟通，以致意见不统一，监护人的问题择日指定。

调解会议结束后，居民委员会工作人员认真分析情况，找出问题所在，制订下次调解方案。次日，工作人员又分别找到兄妹四人进行面谈，根据他们的情况，分别进行沟通调解，让他们尽量以父亲健康和家庭和睦方面考虑以便达成共识指定出监护人。意见基本达成后在居民委员会进行了第二次指定监护人的调解会议，确定以家庭和睦为出发点，求大局存小异为目的，四人经认真考虑，推荐自己担任监护人，并再次提交监护申请书，通过个人宣读，会议集中决定，现场签字确认，四个子女均无异议。居民委员会根据会议内容，形成会议决定，指定四个子女同时担任赵强的监护人，问题得到圆满解决。

五、总结评估

通过查阅法规材料、座谈了解、走访调查，历经两次调解，赵强的四个子女达成统一意见，共同担任监护人。调解过程中，工作人员经多次耐心沟通劝解，确定以家庭和睦、父亲健康为前提，四个子女共同担任监护人，致使意见统一，达到调解目的。

六、专业反思

在此次接触走访和调解过程中，工作人员感到做得不足和需要反思的有以下几个方面：一是了解家庭情况不够，针对每个人的情况分析欠缺；二是有针对性的劝解和疏通不足，对其诉求了解不深入；三是处理家庭矛盾激化时调解方法不得当，造成情绪的波动影响调解结果。工作人员通过反思会在今后的工作中不断提高自己的专业能力和水平。

（作者单位：河北区江都路街道乐山里社区）

拆除违建闹矛盾　社区劝解创和谐

杨金霞

一、背景介绍

为了加强城市管理，提高城市市容环境质量和群众生活环境质量，河北区铁东路办事处根据相关文件于2016年2月25日下发通知：居民务必于2016年3月15日之前，将小区内堆放的杂物以及私搭乱建、违法圈占的建筑等及时自行清理，逾期将由河北区人民政府铁东路办事处组织相关部门依法予以拆除、清理。敬贤里居民委员会工作人员协同德贤物业在小区的每个楼栋门及小区宣传栏张贴通知。2016年3月17日，铁东路办事处组织相关部门开始清除未自行拆除的违章建筑，施工中居住在小区13号楼的周某坐在自家铺占的水泥地上，阻碍拆违工作。

二、分析预估

1. 在拆除违建前，虽然已经进行告知工作，但居民大多以为这次拆违工作力度不大，并未引起重视。

2. 居民之间相互观望，因此拆违工作要讲究方式方法。

3. 居民情绪激动，不能进行良好沟通，不利于矛盾的解决，因此安抚居民的情绪至关重要。

三、服务计划

1. 服务目标。防止事态的扩大，让拆违工作顺利进行。

2. 服务策略。及时与居民沟通，劝解居民。

3. 服务程序。一是进行从心理疏导、感情沟通等方面进行人文关怀，安抚居民情绪；二是从小区绿色规划，提升居民生活环境等角度摆政策、讲道理，得到居民谅解支持。

四、服务计划实施过程

社区居民周某情绪激动，坐在自己家圈占的水泥地上，而且说自己高血压，身体不好，铲车及施工人员都停止工作，拆违工作陷入僵局。居民委员会工作人员试图将周某搀起，周某则极力反抗，居民委员会工作人员用力将她扶起，劝解她说："地面太凉，当心自己的身体，再说您又有高血压，情绪不宜激动，身体是自己的，病了就不值当的了。"边说边将周某拉到安全处，并随手递给她一瓶矿泉水。周某说："你们就是欺软怕硬，欺负人，12 号楼 × × 家怎么不拆？"居民委员会工作人员解释说，拆违工作现在是按顺序进行，现在 14 号楼已经拆完了，13 号楼拆完了之后就是 12 号楼。"我不信，凭什么拆我们家？""周姐，要不咱们去看看 14 号楼，而且不仅拆除您一家，这次咱们是大清整，谁家的违章建筑都得拆。"周姐见工作人员的态度坚决，不再固执己见："你们要是一碗水端平，谁家都拆，那我也不反对。""周姐，您放心，政府这次是民心工程，而且大伙儿都在这看着呢，我们铁东路办事处协同这么多部门，一定会公平对待！"经过居民委员会工作人员的再三劝解，周姐的情绪开始平静下来，"要是这么说，我就服从，真要是有不拆的，我再找你们。"居民委员会人员随后劝解说："周姐，首先咱们擅自圈占并铺水泥地就违反了城乡规划法，而且下一步小区将根据园林局的规划，统一绿化，小区环境得到提升，将来咱们自己住着不也舒服吗？这么好的规划，您这么明事理，应该支持啊。"……将近半个小时的劝解，周某不再反抗，默许施工人员对其违章建筑进行拆除。使拆违工作顺利进行。

五、总结评估

（一）领导高度重视

敬贤里小区这次拆违工作得到了河北区人民政府铁东路街道办事处的高度重视，组织由城管科、综合执法、居民委员会及物业公司等部门成立了拆违工作领导小组，统一规划部署，使拆违工作有条不紊地顺利进行。

（二）政策宣传到位

在清除违章建筑以前，社区居民委员会做好相关宣传工作，利用贴通知、挂横幅等宣传手段，避免拆违工作中居民过激行为的发生。在拆违的过程中，社区更以抓宣传教育入手，强化对拆违工作的宣传，对居民宣讲政策，讲清私搭乱建的危害，为不引起人民群众的矛盾、顺利完成拆违任务奠定基础。

（三）及时化解居民矛盾

为了防止事态的进一步扩大，保证拆违工作的顺利进行，居民委员会工作人员对出现不配合的居民，及时劝解和沟通，安抚他们的负面情绪；关心和安慰居民，防止矛盾激化，保证工作的顺利进行。

六、总结评估

作为居民委员会工作人员，处理的都是居民日常生活中的各类繁杂事件，因此，要持续充实专业知识和技能，不断提升自身专业的能力，同时还要熟悉各个岗位业务，以便更好地为居民服务。作为居民委员会工作者还要拉近社区与居民之间的关系，掌握方式方法，与居民勤沟通，让居民切身感受到社区的关怀。引导居民参与社区公共事务，推动社区的建设与发展。

（作者单位：河北区铁东路街道敬贤里社区）

邻里纠纷

冯　辰

一、背景介绍

河北区王串场街道艳泉里社区莹津里 9－33－203 住房居民单女士家要安装窗户罩，改变旁边 202 住户的窗户罩顶部的防雨板，由于两家之前有过纠纷，已经好几年都不说话了。所以单女士来居民委员会请工作人员帮忙协商一下怎么安装窗户罩的事。

二、分析预估

居民委员会工作人员打算通过入户到两家了解一下实际情况，看一下两家窗户罩的距离防雨板会互相影响多少，并且了解一下两家的矛盾，计划通过了解两家矛盾，打开两家的心结，让两家能沟通窗户罩的问题自行解决，如果矛盾不能解决就通过两家协商的方式减少摩擦达到调解的目的。

三、服务计划

（一）服务目标

1. 希望 203 住户的窗户罩安装尽量避免或减少对 202 住户防雨板的改动。

2. 希望得到 202 住户的理解并接受此解决方案。

（二）服务策略

1. 安抚情绪。先到202住户李阿姨家说明来意，了解实际情况，通过沟通了解两家矛盾的起因，并询问李阿姨是否愿意与203住户沟通。

2. 解决应对。根据工作人员了解，在两家来回进行沟通，慢慢使双方放下多年的成见，使两家能恢复邻里关系，自己协商窗户罩安装的问题。

（三）服务程序

了解情况、记录分析、联系、解决情况、回访。

四、服务计划实施过程

1. 了解情况。居民委员会工作人员入户了解情况。

2. 记录。记下两家所说的矛盾点，从中找到能沟通的突破口。

3. 联系。工作人员通过户底册联系到202住户，向户主说明自己的身份和来意。并希望202住户允许工作人员入户进行沟通。

4. 解决情况。通过工作人员反复多次跟两家单独进行沟通与疏导，最终两家认可我们的工作决定放下以前的芥蒂见面协商，通过沟通与商量问题解决。

5. 回访。莹津里9－33－203住户居民单阿姨再次来到居民委员会说窗户罩已安装好，并且两家恢复了邻里之间的关系，对我们的工作表示非常满意并感谢。

五、总结评估

事情发生后不要贸然解决，多与居民沟通了解问题的实质问题在哪。然后就是耐心处理，基层工作不好做，居民的事无小事，作为新一代的居民委员会工作人员要有足够的耐心来处理问题。

六、专业反思

1. 响应街道领导的号召，加强走动办公。
2. 建立物业联系协调机制。
3. 增强邻里沟通，化解矛盾。

（作者单位：河北区王串场街道艳泉里社区）

排 查 纠 纷

宋 莹

一、背景介绍

河北区王串场街道艳泉里8－51－401住户反映同楼8－50－405住户家里装修声音太吵闹，影响自己家中8个月大的婴儿睡不了觉。

二、分析预估

社区居民委员会工作人员打算通过户底册信息查到405住户电话，与该住户取得联系，希望能让405住户的装修人员尽量在孩子睡觉时干一些不太吵闹的装修工作。

三、服务计划

（一）服务目标

1. 希望能让405住户的装修人员尽量在孩子睡觉时干一些不太吵闹的装修工作。

2. 希望得到401住户的理解并接受此解决方案。

（二）服务策略

1. 安抚情绪。先把401住户请到居民委员会会议室，让阿姨先休息一下，慢慢把情况说明一下，详细询问她有什么需求。

2. 解决应对。根据阿姨说的情况，工作人员分析一下要如何开展服务，能得到居民的接受和响应。

（三）服务程序

记录、了解情况、联系、解决情况、回访。

四、服务计划实施过程

1. 记录。向401来访住户了解情况，并记录。
2. 了解情况。居民委员会工作人员入户了解情况。
3. 联系。工作人员通过户底册联系到405住户，向她说明工作人员的身份和邻居反映的情况，并希望405住户来艳泉里居民委员会解决所发生的问题。
4. 解决情况。405住户来到居民委员会，居民委员会工作人员带着405的住户来到401住户家，405住户看到了401住户家的情况，答应401住户，会让他们家的装修人员尽量在孩子睡觉时干一些不太吵闹的装修工作。
5. 回访。居民委员会工作人员来到艳泉里8－51－401进行回访，401住户说装修噪声问题已经得到解决，并对工作人员表示感谢。

五、总结评估

突发事件发生后，社区牢牢把握工作的主动权，努力把突发事件解决在萌芽状态，尽心竭力解危机、化矛盾，及时掌握事态的发展，把影响控制在最低限度，不要造成群体社会影响，圆满地化解了危机。

六、专业反思

1. 响应街道领导的号召，加强走动办公。
2. 建立物业联系协调机制。
3. 增强邻里沟通，化解矛盾。

（作者单位：河北区王串场街道艳泉里社区）

装修是非多

李　慧

一、背景介绍

每年的3~4月，正是小区装修的旺季，但有的居民在装修时存在违章扩建的现象，从2015年开始，小区开始从严治理，居民委员会和小区物业强强联合力求做到不圈占无违建。

河北区王串场街道艳泉里社区溪波里6-37-102新住户刘英（化名）、王宝昌（化名）和儿子王强（化名），于2015年年底买房并装修，装修期间有违章扩建阳台的迹象，小区物业遂阻止其扩建，刘英与小区物业发生了争执。

二、分析预估

根据天津市人民政府办公厅《关于进一步加强我市旧楼区提升改造后长效管理的意见》（津政办发〔2015〕61号），溪波里6-37-102住户扩建阳台的行为属于违法搭建，希望劝阻其不当行为。

三、服务计划

（一）服务目标

在劝阻该住户的不当行为的同时，调解该住户居民与小区物业之间的矛盾。

（二）服务策略

首先劝导并告知溪波里 6－37－102 的住户，她扩建阳台的行为属于违章行为，并且告诉她可以上网查找该文件；其次针对居民与物业之间的矛盾进行调解，告诉该居民物业工作人员的行为属于小区管理的一部分，并不是针对个人，请其予以理解和支持。

（三）服务程序

记录、查找条文、分析、联系并调解、解决情况。

四、服务计划实施过程

1. 记录。因该居民为新住户，网格员登记居民信息，了解情况并记录。

2. 查找条文。天津市人民政府办公厅《关于进一步加强我市旧楼区提升改造后长效管理的意见》（津政办发〔2015〕61 号）。

3. 分析。溪波里 6－37－102 住户扩建阳台的行为确实为违章建筑。

4. 联系并调解。网格员、物业专干、物业公司经理一起入户到该居民家中，详细说明了她家要扩建的阳台属于违章建筑，在还没有盖起阳台的时候买的材料尽快找装修单位退回，还能挽回自己的个人损失，但扩建阳台的行为肯定是不被允许的。还有居民与小区物业之间的矛盾，小区物业工作人员阻止扩建阳台的行为纯属工作需要，是属于小区日常考核环境秩序中的一项内容，请该居民谅解。

5. 解决情况。虽然一开始该户居民不理解，但经过居民委员会工作人员多次入户耐心劝导，该户居民已经放弃违建阳台的行为，并把材料退回装修单位。

五、总结评估

突发事件发生后，社区牢牢掌握工作的主动权，努力把突发事件解决在当时，尽心竭力解危机、化矛盾，及时掌握事态的发展，把影响控制在最低限度，圆满化解矛盾。

六、专业反思

1. 响应街道领导的号召，加强走动办公。
2. 建立物业联系协调机制。
3. 增强邻里沟通，化解矛盾。

（作者单位：河北区王串场街道艳泉里社区）

调解手足矛盾　解决家庭纠纷

李文君

一、背景介绍

家住河北区望海楼街道金田花园社区的王先生来到居民委员会寻求帮助。他家兄弟三人，他排行老三，多年来，兄弟三人共同赡养家中老父亲。大哥、二哥均已退休，王先生本人和爱人下岗，没有正式工作，且自身无房，一直以来和父亲共同居住，大哥、二哥居住较远，所以平时在老人生活照顾上，王先生花费的时间精力较多，大哥、二哥每月支付老人生活费，由于大哥退休工资较高，生活比较宽裕，给的生活费也比较多。近日，父亲因病去世，没有留下任何遗嘱，在处理父亲房产的问题上，兄弟三人发生了争执。王先生认为平时大哥、二哥对父亲的照顾不够，老人的日常起居几乎全靠王先生夫妻照顾，而且自己作为最小的儿子，也是父亲生前偏爱的儿子，况且自己还没有房，房产理应归他所有，或者大部分归他所有，而大哥则认为赡养老人，人人有责，虽然平时自己因为住得远，对父亲的照顾少了一些，但是每月按时给生活费，而且还给得不少，房产应该均分，二哥表示不发表意见，听大家的。兄弟三人对此事相持不下，互不让步，眼看就要闹上法院，王先生来到居民委员会寻求帮助，希望居民委员会出面进行调解。

二、分析预估

通过了解事情经过，分析存在问题如下：

王先生认为平时自己与父亲共同生活，对父亲生活照料付出比两位哥哥多，遗产分割应该向自己倾斜。

大哥认为自己由于现实原因（住得较远）虽然生活照顾和陪伴相对少一些，但是当初在商量父亲照顾事宜时，就当着父亲面事先约定好了，两位哥哥不能经常陪伴老人，就每月支付赡养费，而且自己每次还给得多，就算不能多分遗产，至少应该兄弟平分。

三、服务计划

（一）服务目标

使兄弟三人就遗产分割问题达成共识。

（二）服务策略

晓之以法，动之以情。

（三）服务程序

1. 向法律专业人士咨询遗产继承相关问题。

2. 分别与矛盾尖锐的王先生和大哥谈话，做思想工作。

3. 找到二哥，摸清二哥的真实想法，并劝说其共同做大哥和王先生的调解工作。

4. 时机成熟后，组织兄弟三人心平气和坐下来交谈，力争达成共识。

四、服务计划实施过程

1. 找到社区公共法律服务站律师，向其讲述了王先生家的情况，律师表示，出钱和出力都是赡养老人的方式，并且就王先生家的情况而言，这种赡养的方式也是父亲、兄弟三人提前商议好的，所以兄弟三人都尽到了赡养老人的义务，遗产应当平均继承。

2. 与王先生单独交流，了解他内心的想法，向他普及法律上关于继承遗产的相关规定，并且从兄弟间的情谊出发，对他晓之以法理，动之以亲情，王先生态度缓和，表示愿意再谈。

3. 与大哥单独交流，了解到大哥内心的想法，通过交谈让他原本愤怒的情绪平息下来，大哥表示只要大家平分，他没有别的要求。

4. 与二哥进行交流，二哥表示自己不参与争论，只要两位兄弟都认可了，自己也同意。

5. 通过多次耐心的谈话，兄弟三人同意坐下来共同商谈遗产分割事宜。

6. 兄弟三人达成共识：将父亲遗产房屋进行估价，王先生自己无房，房子归王先生所有，同时王先生以房屋评估价格作为依据，支付给大哥、二哥应分得的相应房款。同时考虑到王先生的实际情况，大哥、二哥主动表示让王先生少付一部分房款。

五、总结评估

在本案例中，王先生兄弟三人因房产产生纠纷，各执一词，先通过分别做工作，找到突破口，使各方情绪缓和，有意愿一起商议的时候再组织大家共同商议，达到调解效果。

六、专业反思

以优势视角去看待服务对象，介入前尽可能多地了解其情况，但尽可能不带任何预设条件的与他接触。平等地、真诚地与他交往，尊重他，给他成就感。之后再看针对他这个个体用什么样的方法。

（作者单位：河北区望海楼街道金田花园社区）

积极合理化分歧　邻里生活一家亲

夏　莹

一、背景介绍

居住在河北区月河街道大江里社区管辖内的一栋2楼居民，在社区工作者入户了解近况时向社区工作者诉说困扰自己的烦心事。因去年入秋购买新房后装修时不慎导致漏水到1楼邻居家中，当时两家协商开春后2楼住户负责将漏水阴湿墙面进行维修。就在社区工作者入户之前两家因为维修问题发生争吵，1楼住户改变主意要求2楼住户必须将全屋墙面进行粉刷，不然什么事都没有商量，2楼住户质问1楼住户为何有如此转变，双方各执一词，协商不成，导致矛盾升级，发生争吵。

二、分析预估

1. 起因为2楼住户装修不慎导致漏水，2楼住户还要负主要责任，但事发后由于两家协商还算平和，但2楼住户事后就未主动了解1楼住户近况，给1楼住户一种2楼住户不愿维修的错觉。

2. 1楼住户由于身体原因在事发时提出开春后让2楼住户维修，因为休养身体，但不料休养期间阴湿墙面更加严重，已出现墙皮脱落和返潮现象，1楼居民因身体原因不能开窗通风、不能外出走动的情况下每日面对阴湿墙面的家心情变得愈加烦躁，即使2楼住户只将阴湿部分维修，也不能根治，还会使房屋出现严重色差，这才让1楼住户产生让2楼住户进行全屋墙面粉刷的想法。

3. 因为2楼住户不了解1楼住户的身体和家庭近况，1楼住户态度转变后，2 楼住户还以为 1 楼住户有意讹钱、不愿协商沟通，导致双方矛盾升级。

三、服务计划

（一）服务目标

1. 缓解两家矛盾，安抚情绪。
2. 了解现实情况，尽快拿出给 1 楼住户墙面维修的解决办法。
3. 化解邻里矛盾，使两家关系更加和谐。

（二）服务策略

无论采取何种方法为 1 楼住户进行维修，2 楼住户都要负主要责任，但对于非 2 楼住户造成的损失，劝告 1 楼居民应自行承担一部分，2 楼住户承担大部分。以此为突破口，以尽快解决问题为原则，以实际解决过的案例和法律依据，分别劝解双方，吵架不是解决问题的办法。

（三）服务程序

1. 安抚 2 楼住户情绪，详细了解事件发展过程，并询问 2 楼住户对解决此事的想法态度。
2. 了解 1 楼住户为何改变主意，并入户实际察看漏水后房屋情况。
3. 对两家想法进行评估，讨论协商、参考案例资料，拿出合理解决方法。

四、服务计划实施过程

1. 应急处理。由于两家刚为此事发生争吵，分别劝导不能解决现实问题。
2. 传递想法。事件发展至此只因双方缺乏基本沟通，造成双方对彼此不了解而产生猜忌和怀疑，社区工作人员做好沟通工作，通过社区志愿者过滤信息、传递想法、协助沟通，避免了双方见面时的尴尬和冲动，还能更好地了解对方的想法。

3. 解决方法。在双方情绪平和的情况下，同意1楼住户全屋墙面粉刷的想法，但有部分墙不是2楼住户过失造成的，全部费用都让2楼住户承担确实不够人性化，于是取得两家同意，2楼住户主要承担全屋粉刷费用的70%，剩余30%由1楼居民自行承担。

4. 协议调解。与1、2楼住户协商时间，请来专业装修师傅一起到1楼评估维修费用，当场沟通维修具体细节，撰写调解协议书并签字，双方不再为此事发生争执，从此和谐相处。

五、总结评估

经社区工作者调解，1楼住户家中墙面得到维修，2楼住户支付应付费用，并协助1楼重新维修，两家矛盾得以化解，构建了和谐邻里关系。

六、专业反思

通过对此事的调解，社区工作者了解到日常工作还存在不足之处，有部分居民产生邻里矛盾或其他困惑时社区居民委员会无法第一时间了解、解决，不能将矛盾化解在萌芽状态，使得矛盾升级，社区工作者还应加强入户和宣传，使居民和社区工作者建立友谊和合作关系。对于调解工作要先缓和当事人情绪，应耐心劝导，不可偏颇，要以中间人的角度，权衡利弊，评估分析，得到使双方满意、有依据、合理化的解决方法。

（作者单位：河北区月牙河街道大江里社区）

远亲不如近邻

余　洁

一、背景介绍

家住河北区月牙河街道涪江北里社区涪江南里7号楼1门1楼居民家中下水管堵塞，楼上居民未及时疏通。导致1楼下水管道漏水将屋内橱柜及鞋柜浸泡变形。1楼居民为了防止损失加重将楼内共用的自来水阀门关闭。影响2楼以上居民正常用水。1楼居民提出将全楼主管道从家中移出，并要求2楼以上居民赔偿因漏水导致的家装、家具受损的费用。双方就赔偿问题产生分歧。居民集体找到居民委员会，情绪异常激动。

二、分析评估

1. 1楼家中下水管堵塞，楼上居民未及时疏通，导致下水管漏水，室内橱柜鞋柜浸泡严重，造成经济损失，需及时处理解决。

2. 居民委员会工作人员联系专业的疏通下水的师傅，上门察看涪江南里7号楼1门1楼家中下水跑冒现象。

3. 由于停水给居民生活带来了很多不便，居民委员会工作人员入户进行调解。

三、服务计划

（一）服务目标

调解居民纠纷，防止居民纠纷激化。居民问题无小事，防止久调不决导致矛盾激化。居民委员会工作人员进行调解。希望尽快把下水道疏通，尽快恢复正常生活。

（二）服务策略

发挥社会工作人员平日里为民服务积淀的“好人气”，说服两家人能够先冷静下来，在调解中，不仅要晓之以理、动之以情地循循善诱，还要审时度势地调控，并力争促成一个能让双方较为满意的协议。

（三）服务程序

第一，找施工队察看居民家中漏水情况，叫施工队制订施工方案。第二，1 楼居民担心下水再次跑冒要求把管道迁出 1 楼，居民委员会工作人员给楼上居民做思想工作。第三，由于楼里均是年轻人，白天上班无法调解，居民委员会工作人员多次晚上入户进行调解。第四，居民委员会工作人员经过多次调解，征求居民意见，最后达成共识。第五，调解、签协议、履约等。

四、服务计划实施过程

居民委员会工作人员联系疏通下水人员到居民委员会，准备去涪江南里 7 号楼 1 门察看更改管道的相关事宜。1 楼居民要求主管道从自家移出，施工工程就将要在 1 楼及 2 楼住家动工。2 楼住家将涉及地面破损，厕所地面加高 20 厘米，2 楼住家为老年人，担心地面加高后自己进出不方便，不同意施工。3 楼住家同意更改下水主管道并支付相应的费用。4 楼居民不使用自来水，现 1 楼关闭自来水阀门，对自己并无任何影响，不配合更改管道施工工程。5 楼居民不同意单独对 1 楼居民进行赔偿，并要求 2 楼以上居民共同赔偿因漏水导致的家装、家具受损的费用。各方就赔偿问题产生分歧。居民委员会工作人员耐心地劝说2楼居民。让其为大局着想，并再次与施工队联系恳请施工队将2楼厕所地面的高度降低到2楼老人能接受的范围内，2楼居民同意施工。居民委员会工作人员给4楼和5楼居民做工作，大家都在一个楼栋里发生这种事，应尽快解决，最后4楼和5楼居民同意对1楼进行赔偿。

五、总结评估

经过居民委员会工作人员多次入户调解，1楼居民表示今后若无特殊情况，不会关闭公用的自来水阀门。2楼居民希望楼上居民注意使用，若出现堵塞的情况应及时疏通。5楼居民担心1楼居民关闭阀门已成“习惯”，遇到事情要和平解决。从居民利益出发，主动调处发现各类纠纷隐患，摸清影响社会稳定的各种不和谐、不安定因素。认真进行分析研究，并争取积极措施，努力把各类矛盾纠纷解决在萌芽状态、解决在诉讼外。使矛盾解决在基层，有效促进了社区和谐建设，维护了社区安定团结。俗话说：“远亲不如近邻。”大家又恢复到往日的和谐。

六、专业反思

社区工作人员应该注重链接社区资源和社会资源，因地制宜开展旨在增强邻里沟通的文娱活动，如举办邻里节、开设楼宇文化等。促使邻里更加和睦，遇事大家商量办。才能做到小事不出门，大事不出社区。

（作者单位：河北区月牙河街道涪江北里社区）

邻里矛盾　社区及时介入调解

贾　蕾

一、背景介绍

2015 年 12 月 28 日，河北区环江里社区天江里 13 门中单元 2 ~ 6 楼的居民集体找到居民委员会，反映 102 室的陈先生擅自关掉自来水总阀门，致使 2 ~ 6 楼的居民没有生活用水，给大家的生活造成不便。

接到居民反映，居民委员会工作人员立即来到 102 室陈先生家进行调查，发现 102 室陈先生家厕所污水管道出现破损，陈先生认为自己家是独立下水，污水管道是楼上居民使用的，所以维修应由楼上居民集资维修，但是楼上居民并不认可陈先生的说法，认为管道在陈先生自己屋内，他就应当负责维修养护，出现问题也应自己出资维修，因双方未达成共识，楼上居民仍在继续用水，造成 102 室污水跑冒，陈先生就把自来水总阀门关掉了，扬言楼上居民不出钱维修，就都别用水了。事情陷入了僵局，居民找到居民委员会寻求帮助，希望协调解决此事，早日恢复日常生活。

二、分析预估

1. 天江里 2013 年进行了旧楼改造工程，多数居民楼都进行了污水管更换，但是天江里 13 门因楼内居民意见不统一，所以没有进行升级改造。年久失修的铸铁下水管道，极易损坏。

2. 停水以后，楼上居民日常生活受到严重影响，难免情绪激动，无法进行良性沟通，居民委员会工作人员分开进行调解，安抚居民情绪，避免矛盾升级。

3. 与1~6楼的居民协商好，在未修复之前，都不使用下水管道，避免产生更大的矛盾纠纷。尽快做好协商调解工作，恢复居民正常生活。

三、服务计划

（一）服务目标

恢复居民正常用水，协商管道维修费用。通过调解这次事件，缓解邻里之间矛盾。

（二）服务策略

从居民实际需求出发，为居民解决身边事，共创和谐社区。

1. 找到1楼住户，进行沟通，劝其切勿过激行事，造成矛盾，应与楼上居民协商解决。然后走访楼内2~6楼居民，进行面谈，了解大家对破损管道维修的想法，汇总信息，以便制订调解计划。

2. 联系社区内其他资源，查找维修队伍，进行低偿维修。

3. 咨询社区律师，对调解过程进行指导、监督。

（三）服务程序

接案了解事情缘由，从专业角度对事件进行预估分析，然后制订切实可行的工作介入计划，通过入户走访面谈进行调解，调解成功后对事件进行分析评估，准备结案，一周后进行回访。

四、服务计划实施过程

居民委员会工作人员入户走访1~6楼居民家，通过交谈，了解每户居民的想法，帮助他们分析当前问题。请来社区律师，告诉大家法律规定楼内公共设施应本着“谁受益、谁维修”的原则，所以楼上居民也有义务维修管道。现在当务之急是先把破损管道进行维修，恢复正常用水，劝大家不要意气用事，应心平气和地面对已发生的问题，共同协商解决，希望大家能互相理解配合，构建和谐的邻里关系。

协商沟通，先联系管道维修师傅，对维修工程进行报价，因地下污水管道也需更换，所以费用较高。居民委员会经与居民协商达成共识，1楼陈先生先把自来水阀门打开，保证大家生活用水，楼上居民也要做到不往厕所下水管倒水，避免1楼住户发生更大损失。由于大家共同使用，维修费用1~6楼平均分摊，每户代表均在场，签订协议，做到公平、公正、公开。

五、总结评估

对1楼陈先生家破损管道进行了维修更换，解决了污水外溢问题，本楼居民恢复正常生活。通过这次事件，邻里关系也有所改善，居民对居民委员会这次介入调解十分满意，表示以后会积极配合社区各项管理服务。

六、专业反思

社区人民调解工作，是化解社会矛盾和解决社会冲突最有效的方法，不仅能及时阻止矛盾升级，还能促成纠纷双方达成和解，保证当事人的合法权益。在调解岗位中也会面临一些困难和挑战，但作为社区工作者，更需要以服务心态做好本职工作。

（作者单位：河北区环江里社区）

及时解决邻里矛盾纠纷
积极协调联动终化干戈为玉帛

孙建方

一、背景介绍

2014年，河北区月牙河街道靖江西里社区管辖的金沙江路小区进行了旧楼区改造，下水道施工改造换管需征求全楼居民同意，免费换管施工原则为自愿不强制，金沙江路小区5号楼3门的居民由于当时未能统一意见而错过了最佳免费改造时间。2015年夏季，一楼租户由于污水管外溢，多次疏通下水但效果不明显，经常关闭1楼水阀，租户外出做生意，楼内居民因为用水问题发生争吵，楼上居民一怒之下关闭全楼自来水阀门，严重影响了全楼用水，一时间“烽烟四起”，矛盾重重，甚至还有居民称停水后烧坏了燃气热水器因此经常半夜敲打滋事并与1楼原房主发生争执，认为一切原因归责于当时旧楼改造1楼原房主不同意破坏地面而耽误了换水管，电话争吵不断影响全楼居民休息。部分居民要求重新换水管，居民委员会及时介入帮助解决。

二、分析预估

1. 此次事件由污水外溢问题升级为全楼停水事件，严重影响了居民生活。发生这一事件后，需及时处理解决，稳定居民情绪，防止再次跑冒造成1楼居民经济损失、防止极端事件发生。

2. 此次事件涉及全楼24户居民，既有常住户又有空挂户、租房户，还有年迈的独居老人，要全面了解调查事件起因经过，征求全楼居民的需求意愿，有助于事件的妥善解决。

3. 停水行为使全楼居民不能正常用水并严重影响正常生活，疏通管道只能暂时解决问题，要想彻底解决需要马上施工换水管，由于已经错过免费旧楼改造的机会，所以再次施工需要多方协调并借助其他部门支持，如果产生费用问题还需要全楼居民配合解决。

三、服务计划

（一）服务目标

更换下水管可彻底解决该楼污水跑冒问题，打开自来水总阀门使全楼居民的日常生活恢复正常。

（二）服务策略

居民委员会工作人员分成几组，和楼栋长志愿者发挥作用，入户了解记录24户居民的诉求并安抚他们的情绪，同时居民委员会主任找到相关部门旧楼办、房管站等单位商量解决施工换水管的问题。

（三）服务程序

居民委员会工作人员挨家挨户做工作，询问居民如果支付施工费用是否同意配合改造，并登记公示；针对个别行为极端的居民进行单独调解，对其进行劝解教育，并对受损户的损失进行核查估算；联系施工单位进行改造施工。

四、服务计划实施过程

居民委员会主任带领工作人员第一时间赶到现场，进行劝说工作，耐心劝说居民通过正常途径解决纠纷，关闭自来水总阀门的行为不当，不要采取过激行为，正值夏季天气炎热，不能影响全楼居民用水。

社区工作人员打电话给自来水公司，请工作人员来查看水阀是否损坏，物业主任联系管片民警及时找到1楼租户和原房主，同时由居民委员会主任和楼内楼长、居民代表、老党员一起召开居民联席会，决定组成小组分别入户做好调解工作，针对个别居民和一楼原房主发生的争执问题进行劝解协调，使其言归于好。

入户统计后，发现24户居民的房屋情况有些复杂，有的房子的产权已经成为私房，而有些房子仍属于公租房涉及费用问题。居民委员会与旧楼办取得联系，由于错过了免费的改造时间，只好到房屋产权单位靖江路房管站进行咨询，并多次与靖江路房管站协调，终于取得了房管站的支持，免去了人工安装的费用，只收取材料费，减轻了居民分摊费用。

社区党委还共同配合，发挥社区党员骨干作用，晓之以理、动之以情地挨家挨户上门收取分摊费。费用收齐后，请求施工单位马上更换，社区工作人员连续三天早晨6点就到达现场一起监督施工，安抚居民情绪，确保施工正常快速进行。施工完毕后开启自来水总阀门。

五、总结评估

在社区党委、居民委员会工作人员的共同努力下，通过及时沟通、协调相关单位，有效地调处了这一起复杂的纠纷，防止了矛盾激化。联系了产权单位低价为全楼居民更换了下水管，彻底解决了污水外溢问题，恢复了居民正常用水。发挥社区党组织和社区楼长、志愿者的积极作用，对居民进行劝导，促进了邻里关系，平复了紧张情绪。居民委员会对这一事件的有效处理得到了居民的认可。金沙江路5号楼3门的居民为居民委员会送来了“为百姓排忧解难、做人民满意公仆”的锦旗。

六、专业反思

在此案中，由污水跑冒引发停水事件，涉及全楼居民利益，主要矛盾和次要矛盾急需解决。因此在处理这类案件时，应该同时运用小组工作的方式，处理好各个纠纷。居民委员会社区工作者要把握全局，积极协调联动，彻底解决容易引起矛盾的源头问题，化干戈为玉帛。总之，在案件处理中，任何突发情况都有可能发生，此次妥善处理了旧楼区改造的遗留问题，平复了居民情绪，最终让居民满意。

（作者单位：河北区月牙河街道靖江西里社区）

开江南里小区养鸽子引起的矛盾

洪　媛

一、背景介绍

河北区月牙河街金沙里社区开江南里小区自从旧楼区改造后环境比以前好了很多，但却有一户居民在3楼自家阳台上养起了鸽子，鸽子日夜不停地发出“咕咕”的叫声，鸽子的羽毛粪便散落在周围居民家的阳台上以及晾晒的衣服上，楼上楼下居民都不敢开窗户。鸽子事件给和谐的小区带来了杂音。

二、分析预估

开江南里小区是旧楼区改造后的小区，现在小区环境比起以前“脏乱差”的环境得到了很大改善，不能因为这一户居民破坏了改造好的环境，不能因为养鸽子破坏了邻里之间的和谐。帮助养鸽子的老师傅让他的退休生活变得更加充实。

三、服务计划

（一）服务目标

能够让社区更加和谐，邻里之间的关系更加和睦，丰富退休居民的业余生活，增强居民对居民委员会的支持与信任。

（二）服务策略

接到居民反映后，居民委员会工作人员立即入户了解情况，耐心细致地劝说，但处理未果，为了邻里之间的关系变得和谐，于是工作人员又换了一种方法，从居民信息登记册上找到了这位老师傅儿子的电话，他儿子也比较支持工作人员工作，并主动劝说自己父亲放弃养鸽子。

（三）服务程序

1. 居民委员会工作人员到该户了解情况。

2. 居民委员会工作人员进行耐心劝说未果后，找到住户的儿子，他儿子进行劝说，自行处理了鸽子。

3. 帮助老师傅丰富退休后的业余生活，得到居民对居民委员会的支持与信任。

四、服务计划实施过程

接到居民反映后，居民委员会工作人员立即入户了解情况，耐心细致地劝说。一开始养鸽子的老师傅很客气地给工作人员开了门，但一听到说是要他处理鸽子，立刻翻了脸，把工作人员往外赶。工作人员耐心地向他解释："养鸽子要花费大量的精力，师傅您退休了，也该好好享享福了，再说您养鸽子也影响别人啊，邻里之间抬头不见低头见的……"话没说完，就被老师傅打断了："我养鸽子怎么了？别人养狗我养鸽子碍着谁了？你管我，那你叫小区其他人都别养狗啊！"说完"砰"的一声把门关上了。由于养鸽子在法律上还属于空白，没有切实可行的措施。工作人员只能一次又一次地上门劝说，仍未有效果。为了邻里之间的关系变得和谐，于是工作人员又换了一种方法，从居民信息登记册上找到了这位老师傅儿子的电话，他儿子也比较支持工作人员工作开始劝说自己的父亲放弃养鸽子。后经过儿子的劝说，过了几天工作人员欣喜地发现三楼上的鸽子渐渐少了，终于有一天阳台上一只鸽子都没有了，而这位老师傅和邻里之间的关系也改善了很多。工作人员再到他家时老师傅很客气地开门，谈到鸽子老师傅笑了："儿子说了我好长时间，鸽子都杀了给他妈跟小孙子吃了，鸽子没了也好干净多了。和楼上楼下的邻居关系也改善了。”

五、总结评估

居民委员会工作人员为了丰富老师傅的退休生活，经常请他来参加社区的活动，在以后的工作中，但凡再遇到类似的事情，老师傅都会和我们一起现身说法，在居民中取得良好的效果。得到了居民们对我们的理解支持与肯定，让小区的环境变得更加美丽，邻里之间的关系变得更和睦。

六、专业反思

通过这件事让居民委员会工作人员学会了要整合资源，利用一切可以利用的资源，帮助居民，使居民对居民委员会的工作更加支持和信任。

（作者单位：河北区月牙河街道金沙里社区）

茶淀街三明里社区工作案例

苏艳 刘洋

一、背景介绍

滨海新区茶淀街道三明里社区是楼房与平房相结合的震后老城区，服务对象刘某住在南六段21号平房，是经营海产品的个体经商户，半夜就要去批发市场卖货，中午回来休息一会儿，下午再出去。但邻居田某家刚养了一只狗，狗由于换了新环境不习惯天天叫唤，吵得刘某无法休息。虽然双方就此事多次商谈，田某也答应尽量避免，但事情始终没得到有效解决，邻里关系也受到影响。

二、分析预估

主要问题：狗吠引起的噪声问题。

目前，由于服务对象刘某的职业特殊性，中午休息时间十分宝贵，然而邻居田某家新养的宠物狗经常叫唤，严重影响了刘某的休息，可是双方多次协商无果，刘某认为，如果长久下去，势必将影响到邻里关系。

邻里关系：针对服务对象的个体经营特殊性及邻里关系，社区工作者认为应与服务对象共同交流分析问题，商讨解决方法。一方面，让刘某认识到邻居的难处，多加理解；另一方面让田某认识到自家的狗吠产生的噪声问题必须解决。

三、服务计划

（一）服务目标

协助服务对象处理好邻里关系，解决好狗吠问题。

（二）服务策略

不能单纯依靠说服教育，因为双方已经就这个问题进行过多次商讨，但一直没有得到解决。因此，要注意把社区内有相同或类似问题的养狗家庭及其邻居组成小组，开展小组活动，看到邻里之间的矛盾问题、关系，社区工作者要注意协调养狗家庭与非养狗家庭成员之间的关系，加强成员之间的集体意识。

（三）服务程序

1. 与服务对象进行交谈，详细了解服务对象的生活状态、主要问题，收集资料，建立专业关系。

2. 与服务对象的邻居田某进行沟通，让其认识到问题的严重性。

3. 社区养狗家庭组成小组，邀请服务对象及其邻居田某参加小组活动，提供问题解决方法。

4. 邀请服务对象及其邻居，就噪声问题进行协商解决。

5. 回顾整个过程，巩固服务成果，对服务对象及其邻居的努力予以表扬和鼓励，并做好跟踪服务。

四、服务计划实施过程

案件来源于服务对象主动求助。第一次接触的方式是服务对象刘某主动到社区，情绪激动地向工作人员诉说邻居家狗吠产生的巨大噪声影响了自己中午休息，与邻居多次商讨无果。社区工作者接到案件后，与服务对象通过口头约定时间，开展调查服务。

第一步：按照约定时间，与服务对象刘某联系，前往家中，进行资料收集。正值中午，刘某在家，见到社区工作人员来访，情绪不免有些激动。社区工作者安抚其情绪，并与其交谈，向他询问事情的前因后果。刘某告诉社区工作者，自己在市场经营海鲜产品，经常半夜就要到批发市场进货，卖完货回来就到中午了，平时都是趁中午休息，睡几个小时下午再出去卖货的。但邻居田某刚养了一条狗，这只狗天天叫，吵得我实在没法休息。我多次找到田某商量此事，她每次都满口答应，要么说过两天就送人不养了，要不就说没找到收养狗的人呢，反正每次都有理由。但狗还是天天叫，我每天都睡眠不足，都神经衰弱了。昨天是第四回找她，我现在也实在受不了了就跟她吵起来了，由于睡不好就没精神卖货，账都算错了，多找给人家好几十。我也没有固定工作，卖点海货也不容易，再这样下去都不够我赔的了。

在与刘某交谈的过程中，邻居家的狗不断在叫，听到狗叫声，刘某情绪又开始激动且焦虑，希望社区工作者给予帮助。

通过这次上门走访，社区工作者和刘某建立了良好的关系，刘某也对社区工作者充满信任和期待。而在交流中，社区工作者也发现了刘某的一些问题，需要提供专业服务，给予帮助。

第二步：社区工作者与刘某邻居田某通过电话沟通说明本意，并与其约定时间，提供帮助。与田某面谈，田某也表示出无奈，向社区工作者倾诉：前几天我哥给我一只狗，这只狗还挺贵的呢，舍不得卖掉，我这是平房，我又不用上班就给我送来了让我养着。隔壁刘某天天找我，说这只狗天天叫，吵着他睡觉让我处理了，你说值当的吗？这不昨天又来找我，我也急了，就跟他吵吵起来了。他连吼带闹的，我也没说好听的，本来还想把狗送别人呢，他这还没完没了了，天天来找我，要是这么说，我还就谁也不送自己养着了，爱咋咋地吧。

在与田某交谈中得知，邻里双方关系一般，近期因狗吠产生的噪声导致邻里关系急剧恶化。田某也意识到影响邻居休息，但由于狗刚换新环境，自己又喜欢，所以无从解决。

第三步：就狗吠噪声问题，在对双方进行调解过程中，工作人员认识到，这不只是两家的问题，很多居民都面临这个问题，于是，将有类似问题的家庭召集一起，组成小组，共同制订小组方案，围绕主要问题，开展活动。

第四步：小组活动结束后，就刘田两家的问题再次进行集中解决。双方最终协商决定，田某于近两日将狗送给别人，刘某、田某双方也就近期的事情彼此道歉，邻里关系和好如初。

第五步：社区工作人员进行跟踪服务，田某已将狗送至亲戚家，狗吠噪声问题已彻底解决，刘某已能正常休息，双方邻里关系也和好如初！

五、总结评估

服务对象的问题已得到解决，邻里关系也得到改善。社区工作者认为，此案例是小组和个案相结合的，比较成功的。第一，社区工作者与服务对象及邻居分别进行交谈，了解情况，并能够把服务对象的问题放到整个社区的层面上考虑；第二，对服务对象的改变不断地给予肯定和鼓励；第三，小组活动的参加，使服务对象及其邻里认识到问题，共同研究问题的解决，并使人际交往能力得到进一步改善。

六、专业反思

通过这个案例，社区工作者发现：第一，建立良好的专业关系，取得服务对象的信任，是顺利开展个案的基础；第二，针对服务对象的性格和情绪，找到谈话的切入点非常重要，而且切入点通常是服务对象感兴趣的事物；第三，服务对象的许多问题都是相互联系的，核心问题的解决通常能使其他问题得到缓解；第四，社区工作者要善于运用社会资源为服务对象服务。

本案也存在一些问题：在做这个个案时，社区工作者感到自己一直处于“主动”的地位，在“助人自助”的理念中，前期还不能充分体现“自助”的宗旨，此宗旨直到小组活动开始后才慢慢体现出来。

（作者单位：滨海新区茶淀街道三明里社区）

古林街海韵园社区邻里纠纷案例

朱文楠

一、背景介绍

滨海新区古林街道海韵园社区业主张某反映，由于自家房子还未装修，但突然发现房顶有个洞，怀疑是楼上夏某装修砸地时，把他家房顶砸坏了。

二、分析预估

1. 分析这件事情的重要性和影响。

2. 社区党支部和调解委员会针对具体问题，及早介入，强化事前管理，避免矛盾激化。

3. 社区建设中应适时有目的地引导大家换位思考，共建和谐社区。

三、服务计划

（一）服务目标

搞好社区治安综合治理，维护社区的稳定，保持良好的社会秩序，营造良好的社区生活环境。

（二）服务策略

实时性、有针对性。

（三）服务程序

1. 根据背景介绍，分析事件的重要性和影响。
2. 联系矛盾双方当事人，一起协商制订解决方案。
3. 分析结果，进行总结。

四、服务计划实施过程

1. 联系当事人双方，分别了解情况。
2. 根据了解的具体情况，确定具体的解决方案。
3. 居民委员会工作人员对双方进行调解，找到装修工人询问，并到现场查看具体情况。
4. 根据现场情况确定是夏某装修时不经意砸坏的。
5. 最后，夏某承认了错误，向张某道歉，并决定赔偿。

五、总结评估

在社区平时生活中，邻里难免会出现一些矛盾和纠纷，如果处理不当难免会影响到社区的安定。其实邻里纠纷大部分都是些小事，但就因为双方互不相让，导致矛盾激化。邻里双方应当按照“方便生活、团结友善和公平合理”的精神正确处理邻里关系。如给对方造成妨碍或损失的，应当停止侵害、赔礼道歉、赔偿损失。

六、专业反思

调解作为一种方便高效率、经济实用的纠纷处理方式，在处理邻里纠纷中发挥着重要的作用。邻里纠纷虽然都是小事情，可是却关乎人民群众的切身利益，而人民调解能够快捷方便地满足居民的需求，维护邻里关系的和谐和稳定，促进社区的健康与文明，是基层构建和谐社会的重要力量。

（作者单位：滨海新区古林街道海韵园社区）

疏忽大意起纠纷　人民调解化干戈

周俊杰

一、背景介绍

这是一起典型的邻里纠纷：5楼居民忘记把自家的自来水龙头关掉，水流到4楼居民家，给其造成了一定损失，4楼居民要求赔偿。五楼居民则认为对方要求赔偿金额过高，不同意赔偿这么多，两家因此产生了纠纷。

2013年3月18日，滨海新区塘沽街道华云园社区所辖芳云园18栋5楼张某由于家中事情多忘记关掉自来水阀门，水顺着墙体流到4楼王某家中，造成王某家壁橱门变形，微波炉里进水，不能正常使用，木地板等均被淹变形，王某很生气，情绪非常激动，先是报警，后又找到华云园社区居民委员会，说这已经不是第一次流水到他家，上次只是损失了一些米面，也就没要求赔偿，并提醒过张某，这次整个厨房面目全非，无法继续使用，只能重新装修，而且已经多次发生这样的事，完全是人为造成的，王某强烈要求张某赔偿5000元作为损失费，并说如果不解决，就要通过法律途径解决。张某则认为王某要求赔偿金额过高，且不是故意人为造成的漏水，不同意赔偿，两家因此产生了纠纷。因赔偿金额不能达成一致，双方申请调解。

二、分析预估

华云园社区人民调解委员会的两名人民调解员接到当事人的调解申请后，对此次纠纷的来龙去脉进行了分析预估。当事人张某62岁，女，退休，其丈夫也是一名退休职工，两人退休金不高；家中还有一残疾儿子，离异，低保对象，平时干一些临时工补贴家用，孩子刚上小学。当事人王某，男，49岁，某企业职工，妻子系某企业职工，有一个儿子已结婚。

当事人王某由于家中物品被水浸泡，要求当事人张某给予赔偿。按照有关法律规定，王某的做法是合理诉求。一般人认为，致使他人物品受损，给予一定的补偿或赔偿是理所当然的事情。但是，作为上下楼居住的邻居，要求用钱来赔偿，在感情上是一件不容易被接受的事。俗话说："远亲不如近邻。"社区人民调解员认为，为了两家今后能够友好相处，尽量调解，两家商量出一个彼此都能接受的赔偿金额。因为5楼居民的自来水不止一次流到了4楼居民家，4楼居民说前几次都没有要求赔偿，觉得都是邻居，低头不见抬头见，真拿了赔偿金反而觉得生分了，因此前几次没有要求赔偿。这一次他们认为损失太大，实在不能再忍了，所以提出了赔偿。而5楼邻居不同意赔偿这么多，双方分歧较大，可见调解的难度之大。

三、服务计划

（一）服务目标

1. 帮助双方分析问题产生的原因。
2. 向双方解释进行赔偿的目的。
3. 探询双方对赔偿金额的期望值。
4. 协商双方认可的赔偿金额。
5. 讨论实现赔偿的可行性和可能的利弊。
6. 协助双方消除冲突，最终确定赔偿金额。

（二）服务策略

针对双方产生的纠纷，华云园社区人民调解委员会采取调解的方式解决这起纠纷，协助利益冲突双方找到共同点。随着双方关系的重建，社区人民调解员要协助双方认定并协商出共同的目标，达到双赢。在本案例中，就是要求人民调解员协调双方在赔偿金额上达成一致。一方面要考虑到受损一方居民对于赔偿金额的心理期望值，同时也要考虑另一方的家庭经济状况和赔偿承受能力。

（三）服务程序

在具体调解过程中，人民调解员分析揣摩双方的心理，先把双方隔离开来，分别听其诉说各自的观点、立场和想法，说出心中理想的、能接受的赔偿价位；然后，采取“拉锯战”方式，对一方提出的赔偿金额让另一方确认，当一方不认可时，再去找另一方做工作，最终找到一个平衡点，即双方都认可的赔偿金额。

四、服务计划实施过程

社区人民调解员按照事先制定的服务目标、服务策略和服务程序，开始了介入行动，进行调解。

通过前期分析预估，人民调解员掌握了双方的一些资料：张某老伴身患糖尿病、心脏病，儿子是语言障碍二级，离异，生有一子，小学在读，享受低保待遇。张某每天除了照顾老伴，接送孙子上学外，还要照看闺女家的孩子，匆忙中才会发生这样的事情。面对这样的当事人，作为人民调解员既要本着公平公正的原则，又要考虑到当事人的赔偿能力。人民调解员把张某家的情况详细讲给王某听，以博得他的同情，王某开始不依不饶，少一分也不行，要不是看在邻里情面上还会多一点儿。张某开始表示后果是自己造成的，赔偿是应该的，但听说王某要5000元，又嫌多了，说他家房子已装修10年了，就是重新装修，钱也不能一家出，还有折旧费。双方互不相让，由于担心双方当事人情绪激动吵闹起来甚至动手打架，人民调解员分别在双方家中单独进行调解，采取“倾听式”调解法，做一名合格的“听众”，让他们各自诉说心中的“苦水”以及对对方的看法。这样，人民调解员楼上楼下三番五次来回调解，既要委婉地向一方当事人表达出另一当事人的意愿，又要综合分析邻里关系等因素；既要展示出人民调解的优越性，又要分析法律诉讼的严肃性，告知双方能进行人民调解的，尽量不要诉诸法律，一旦告上法庭，两家的关系就会闹僵了。本着互相谅解的原则，人民调解员动之以情、晓之以理，最终使矛盾得到圆满解决。

五、总结评估

针对此次调解，社区工作者（人民调解员）进行了检查和总结。第一，该项工作的目标定位较为准确，可以使社区工作者能够基本实现目标；第二，该项工作的介入方式和服务计划设计较为合理，能够为社区工作者完成任务提供帮助；第三，该项工作的效果较为满意，经过社区工作者的努力，最终赔偿的金额双方也比较认可。

六、专业反思

在本案例中，人民调解员发挥了重要作用。他们利用自己专业知识，结合矛盾双方的心理期望和实际需求，协调双方找到了解决冲突的共同点，从而圆满化解了这起矛盾纠纷。

楼上楼下漏水，在居民小区内是常见的，但不是每家每户都能遇到。如果自行解决，很容易激化矛盾，影响邻里关系，并且赔偿的成本也很高。人民调解员若能够积极且有效地给予化解，不仅成本低、见效快，还能使邻里间更加和睦。当事人所提的赔偿数额，要考虑到对方的实际赔偿能力。调解员要告诉当事人如果双方找法院，诉讼时间成本和金钱成本都比较高。调解员帮助当事人分析利弊，最后索赔数额从5000元降到了2000元，达到了双方当事人的满意。

（作者单位：滨海新区塘沽街道华云园社区）

积极调解　化解纠纷

邢玉霞

一、背景介绍

2015 年，国家免费更换老旧小区自来水主管的惠民工程在滨海新区福星里社区小区展开，但某天上午，某栋 1 门更换自来水主管的施工人员却无所事事地在小区里闲坐。经社区居民委员会工作人员了解，原来 1 门某户居民拒绝更换水管，由于施工单位规定：一户不更换水管，整楼都无法更换，所以其他住户也无法正常更换自来水主管。1 门的某户是楼门长张某的房产，而张某在 2 门还有一处房产，事情起因是：施工人员负责人胡师傅在给 2 门换水管时，张某想让胡师傅连她家的横管一起换掉，胡师傅说自来水公司只免费更换自来水主管，不负责更换横管，如果非要更换，为了施工进度，可以帮忙更换，但需要 200 元购买横管等施工费用。张某认为要的太多不认可，双方发生纠纷，于是张某说不给她家换横管，1 门就别想正常施工。

二、分析预估

思想上：张某认为国家的惠民工程，她只是要求多换一根简单的横管而已，施工人员先推托，然后又要 200 元钱，超出她的设想，觉得对方打着惠民的想法赚钱，产生了逆反心理。施工人员胡师傅则认为虽然是国家惠民工程，但都要按照流程来做，横管不在惠民工程的更换范围，他们本来不想帮忙，但看在张某年纪较大，因此答应帮忙更换，但横管的费用需要张某自己支出，我们惠民，你们不感激还想占便宜，所以不想妥协。

性格上：张某当了多年的楼门长，性格强势。胡师傅是施工队的负责人，同样强势。双方只是沟通不当，因此产生了不必要的纠纷。

三、服务计划

（一）服务目标

让自来水施工人员正常施工，1 门居民可以正常使用自来水。

（二）服务策略

沟通、协调。

（三）服务程序

1. 研究、了解双方真实想法。
2. 有针对性地进行劝说。

四、服务计划实施过程

先与张某联系了解情况，站在张某的立场与之沟通。张某想让胡师傅换自来水主管的同时顺便把横管一起换掉，但施工人员推托半天，最后找到施工负责人胡师傅，胡师傅张口就要 200 元，张某虽然觉得贵，但是为了省事，还是同意更换，但是先换完再给钱，胡师傅却拒绝了，言语有些不当，认为她骗横管不给钱，张某认为自己言出必行，胡师傅的诋毁让她产生了你不给我换，我就不让你好好更换别的门的想法。社区居民委员会工作人员先把国家的惠民工程项目详细地讲解给张某听，告知施工人员只是自来水公司外包出去的施工队，他们只负责惠民工程里的要求更换的项目，其他的不包括在内，需要居民自行更换。又讲解了小区自来水主管年久失修，这次放弃更换的机会，以后再次更换，不仅不好集中楼内居民，维修费用也很高。又讲解邻里之间如果因为张某的私事没有更换水管，邻居们可能会对她产生不满，不能因为自己的私事影响施工进度进而影响 18 户居民的正常用水。张某思想有些松动，为了不让她产生社区居民委员会强迫自己的想法，社区工作人员从张某家出来，又和张某关系好的邻居联系，讲明利害，希望对方能从朋友的角度劝解一下张某。经过双方一起劝解，张某最后松口，同意更换1门自来水主管，但希望自来水施工人员还能考虑一下帮她换一下横管。

找完张某，社区居民委员会工作人员又找到施工队负责人胡师傅。胡师傅认为本来他们不想帮忙更换横管，毕竟这不在惠民工程更换范围内，但是为了能顺利完成施工任务，所以才说要200元的施工费用，并没有瞎要钱。并认为张某再想换他也不给换，本来就是惠民工程，居民还提出许多额外要求，还让施工队求人更换是不可能的。因自来水更换主管期间出现很多次因为胡师傅说话方式引起的纠纷，所以社区居民委员会工作人员在劝解的同时也对胡师傅进行了批评，惠民工程不是求着居民做事，但也不是让居民求着他们，胡师傅态度本身就有问题。经过一天的沟通，胡师傅同意帮助张某更换横管，为了不让双方再因说话方式产生矛盾，由施工队总负责人穆师傅一同去2门张某家协商施工情况。现场查看后，穆师傅解释了一下为什么收取200元的施工费用，同时，把外面的报价也告知张某。张某希望能再便宜一些，后经社区居民委员会工作人员与双方耐心协商，最终定价150元，由穆师傅负责给张某家更换横管，双方达成和解。为尽快恢复居民用水，社区居民委员会工作人员建议穆师傅尽快给张某家换横管，同时1门换水管事宜马上施工。

五、总结评估

政府为老旧小区更换自来水管道是项利民工程，但是在具体实施过程中，有部分居民从自身利益考虑，或者施工人员与居民沟通不畅，引发各种矛盾纠纷，这就要求调解员要做到及时介入，耐心宣传政府惠民政策，积极调解，争取让社区所有需要改水管的楼门都尽量改换，让居民共享惠民成果。

六、专业反思

通过这个案例发现：第一，建立良好的专业关系，取得双方的信任，是顺利开展调解工作的基础；第二，针对不同性格的人员，用不同的方式找到谈话的切入点非常重要。

（作者单位：滨海新区福星里社区）

邻里漏水起矛盾　法情结合化纷争

杨　琳

一、背景分析

2016年4月的一天，家住永久街道海河园社区24层的房主赵某发现自家客厅壁橱前的屋顶中间接缝处开始大量漏水，导致壁橱门框变形、墙皮脱落，地板也翘起了，影响了自己的生活。找到楼上，但却无人应答，之后找到物业把总开关关掉才止住漏水，赵某认为自家房屋刚装修不久就被楼上漏水给泡了，要求楼上杜某进行赔偿，希望他们家能给水泡坏的物品进行适当的修理。可杜某不认同进行维修、赔偿现金，两家未能达成一致，赵某很着急，自家地板不能被水泡的时间太长，担心地板大面积起翘，因此希望居民委员会帮忙调解此事。

二、分析预估

赵某居住的小区建成20余年了，供水管道老化情况严重。原城市管网大多采用铸铁管、钢管，而其输送介质水本身即为一种电解质，水在管内流动过程中易造成管内腐蚀、沉淀及结垢现象，并随着使用时间的延长其结垢层厚度也相应增加，导致水质恶化。

况且老小区自来水管道铺设较早，使用时间较长，锈蚀严重，跑、冒、滴、漏时有发生，不仅浪费了宝贵的水资源，而且严重影响居民的正常生活用水。

社区工作人员在走访赵某家中的时候看到的情况，跟供水管道老化情况是有关系的。但由于楼上的杜某家长期无人居住，没能及时发现管道出现漏水情况，导致把楼下赵某家的客厅壁橱门框泡变形、墙皮脱落，地板也泡翘了。

三、服务计划

（一）服务目标

将心比心，以心换心，法情结合化纷争。作为一个社会工作者应具备助人自助、平等接纳、服务对象自决、个别化原则和利他性原则以及诚信、公正、关怀等专业价值理念。

海河园社区调解小组接到赵某的申请后，立即走访调查，证实赵某反映情况属实。调解员将双方当事人召集在一起进行沟通，当矛盾发生时，调解员应及时转变工作思路，单独找当事人沟通，逐个做思想工作。耐心劝解双方，认真听取双方当事人的陈述。向双方当事人讲解有关法律、法规的规定和有关的邻里关系，安抚双方情绪，防止矛盾进一步激化。运用合适的方式、方法，换位思考，将心比心在合情合理的情况下处理该案例。

（二）服务策略

1. 组织社区调解信息员进行不定期培训和教育，不断提高其理论水平和实践能力。

2. 努力提高自身业务水平，加强宣传，规范调解协议书的制作。

3. 进一步完善居民楼栋长制度，充分发挥他们的信息优势，引导他们全方位发挥群体优势参与到调解工作中。

4. 深入开展社会矛盾调解机制建设和运行，严格按照有关标准，对照执行。

5. 认真组织矛盾纠纷调解数据统计制度，准确按时上报。

（三）服务程序

1. 研究、了解社区出现的问题，积极寻求解决问题的方法。

2. 有目的地制订行动计划与程序。

3. 协调社会成员的力量，使工作避免不必要的重复与冲突，提高服务质量与效率。

4. 邀请有关专家，集思广益，咨询社区社会工作的行动实践。

5. 以平等、民主协商办法达成决议。

6. 进行档案的积累运用，使社区工作的方针政策和发展过程有合理的连续性。

四、服务计划实施过程

社区民事纠纷是社区工作中经常遇到的事，而且涉及整个社区工作的方方面面。因此，做好社区民事纠纷的调解工作，应当从居民委员会全体工作人员自身工作方法等方面加以把握。

海河园社区调解小组接到赵某的申请后，立即走访调查，证实赵某所讲确属事实。调解员将双方当事人召集在一起进行沟通，但是由于双方见面之后无法控制自己的情绪，针锋相对，互不相让，结果不欢而散。

调解员及时改变工作思路，单独找当事人进行沟通，逐个做思想工作。耐心劝解双方，并认真听取双方当事人的陈述。赵某强调自己的赔偿要求并不过分，而楼上杜某态度恶劣，拒绝赔偿。杜某则表示，自己最初认为不是自家原因造成楼下漏水，是因为管道老化，所以拒绝赔偿。而在意识到自己的责任时，认为赵某提出的赔偿金额过高，所以无法同意赵某的赔偿数额。调解员首先向双方当事人讲解《中华人民共和国民法通则》中相关规定和有关的邻里关系，安抚双方情绪，防止了矛盾进一步激化的势头。调解员连续数次帮助杜某家排查寻找漏因，原来是自来水管道老化造成了水阀生锈，导致漏水。由于杜某家房子长年空置，不了解漏水情况，导致漏水到楼下赵某家，并请专业人员估算经济损失。同时，调解员一方面向杜某讲明应当赔偿因自己缘故而给他人造成的损失，另一方面也劝解楼下赵某，邻里之间要多帮助、多照顾、多担待，相互理解。经过调解员苦口婆心的劝说，杜某同意赔偿赵某的损失，双方就赔偿金额协商一致。达成和解协议。

五、总结评估

经过调解员对双方当事人的耐心疏导，双方当事人均表示各退让一步，最终经协商达成一致意见。杜某愿意给赵某现金赔偿，并对因此给赵某生活带来的不便进行道歉。补偿金额双方达成一致，赵某不得就此事提出任何新的要求。至此，经过调解员的耐心调解，一起漏水事件导致的邻里矛盾纠纷终于化解，邻里间和睦的关系得以恢复。

调解工作要以提高居民的自身素质为着眼点，不断转变他们的思想理念，以人为本，从多方面来实现民事调解工作的深入开展，标本兼治，努力实现和谐的社区人居环境。今后，社区调解小组将严格按照上级的要求一如既往地做好各项工作，进一步明确工作职责，通过法制宣传增强居民的法律意识和法治观念，依法决策、依法办事，依法管理社区内各项事务。

六、专业反思

调解要讲求方法和艺术。调解方法一般包括：会议调解、走访沟通式调解、感化式调解。具体采取哪种方法进行调解，都要掌握调解的艺术，因情况而定。在调解艺术上，一要掌握好火候，只要双方大致合适就行了，剩下的让其自己磨合。二要正确对待小节。许多矛盾是由一些鸡毛蒜皮的“小节”而引起，只要不影响大局，不要事事插手，以免给当事人造成不好的印象。有时“视而不见”也是一种处事艺术，但自己心里一定要有一杆秤，不是不管，而是要管得恰当。三是事杂时要抓典型、抓重点，解决一个教育一片。四是事急不盲动，要摸清情况，分清性质，知己知彼，百战不殆。五是事难不怕，讲职责，义无反顾；讲品质，身先士卒；讲精神，敢碰硬。六要做到三不出：小事纠纷不出社区，大事纠纷不出街道，重大疑难不出市；三防止：防民事转刑事，防重大群众性，防赴京上访；三下降：民转刑，越级上访，涉法、涉诉案件；四落实：领导、人员、经费、场地。

（作者单位：滨海新区塘沽街道海河园社区）

河华里社区调解案例

王秀辉

一、背景介绍

2015 年国庆节过后，社区居民委员会接到来自河华里社区 20 栋 3 门 5 楼的某居民的邻里纠纷案件。经与该居民交流后，居民委员会工作人员了解到该楼门已经有持续两周左右的时间，3 楼以上的住户都无法正常用水。经与房产单位和滨海新区中法供水有限公司沟通，工作人员进一步得知由于小区内自来水管网年久老化，导致不能正常施压供水。恰逢河华里社区内正在进行自来水管网改造工程，但 201 室的姜某某家始终不同意管网改造，造成了整个楼门中每个住户更换新的自来水管网改造工程无法正常进行，用水问题成为矛盾产生的根源。调解员经过与双方的交谈，了解到姜某某之所以不同意自来水管网改造的原因是因为楼上的下水道长期不畅通，已经多次造成家中的天花板浸泡漏水，只要楼上的住户将下水管改成独立下水，就同意整个楼门的水管改造工程。目前 3 ~ 5 楼的住户已经都改成了独立下水，只有 6 楼侯大爷家没有改造。

二、分析预估

调解员通过与双方的交谈，认为如果能满足姜某某的要求，便可达成双方的共同目标。

三、服务计划

（一）服务目标

满足双方的调解请求，将水管改造顺利进行，让每个住户都能恢复正常用水。

（二）服务策略

策略一：将姜某某的要求传达给侯大爷，并说服侯大爷同意。
策略二：对双方同时进行邻里道德的宣传，化解双方长期的“恩怨”。

（三）服务程序

两名调解员一同找到侯大爷，将姜某某的请求进行传达，同时用聊天的方式谈到邻里生活和个人生活之间的联系，化解邻里矛盾。其后找到姜某某进行沟通，消除其原有的误会，改善邻里关系，最终将问题解决，化解矛盾。

四、服务计划实施过程

调解员制订了调解方案之后主动找到侯大爷，将楼内水管问题详细进行了讲解：“您看咱家住6楼，自来水的水压上不去，造成无法正常用水。现在小区内自来水管网免费更换新管，您楼下201室姜某某提出，她不同意改造的原因是家中的下水经常堵冒，严重影响了她的正常生活，希望楼上居民将自家的下水改成独立下水，就同意本楼门的新管道改造工程，您是否能考虑将自家下水改成独立下水，一是在今后的用水中也得到便利，二是使邻居的用水问题得到改善？”起初，侯大爷的态度强硬，表示家中根本不开火做饭，一直都是在一楼女儿家吃饭清扫后只上楼睡觉。调解员见侯大爷这种态度，便进一步将情况对侯大爷进行分析和劝说：“您看如果不改造自来水管网问题，影响的不是一家的用水问题，而是整个楼门大家的用水问题，而且水管日久老化会更加严重，就是现在不出现问题，将来也难免会出现问题，现在政府免费更换，也是件一劳永逸的好事，利人利己。您回家跟女儿商量一下找个师傅改一下自家下水管，不要因为咱家的原因影响到整个楼门的用水，也不利于邻里之间的相处，毕竟你们之间也只是一个误会……”几番劝说和疏导，终于打开大爷的心结，同意自家下水管的改造。侯大爷家在两天后已将下水管改造完毕，姜某某也在自来水管网改造表上签了字。

五、总结评估

通过调解侯大爷为了大家的利益改造了自家的独立下水，使大家的用水困难得到了解决。

六、专业反思

从这个案例看，两家因为有过节积怨较深，双方都憋着一口气，都不肯让步，是这次矛盾纠纷的最大起因。从某种意义上说邻里关系是社区中最为重要的关系，两家互为邻里，不管平时是否经常来往，也不管是否曾经有过矛盾，在一家出现问题需要相邻方配合协商时，相邻一方应该提供方便，而不能以任何理由设置各种障碍，造成损失的扩大。调解委员会在受理后，积极开展相关工作。调解委员会认为双方都有过错，需要积极引导两家正确认识问题，双方需要学会换位思考，去理解对方的态度。至此调解委员会分别找两家人谈话，了解了两家人的要求与想法，并依据相关的法律和政策进行解释，就问题的解决进行协商，充分尊重两家人的意见。处理本案时社会工作者思路清晰，善于抓住纠纷的矛盾点，从而能对症下药，收到实效。

（作者单位：滨海新区塘沽街道河华里社区）

金海花园社区婆媳不和维权解困案

王向东

一、背景介绍

马姐，女，43 岁，家住滨海新区塘沽街道金海花园社区红盐里，2015 年3 月2 日她来居民委员会反映婆婆对她不好，因家庭琐事经常指桑骂槐，一不高兴就拿她出气，她觉得自己在这个家实在待不下去了，打算和丈夫刘某离婚，回外地娘家。为此马姐找到社区请求社区半边天家园给予帮助。

二、分析预估

来访人方面：马姐，是外地嫁入天津市的，结婚至今一直和婆婆居住，所以时间长了婆媳之间产生矛盾。

社会环境方面：由于马姐原来是外地的，和周围的邻居也不容易相处；婆婆岁数大老观念，缺少与周围邻居的沟通和理解。

三、服务计划

（一）服务目标

对于社会环境而言，帮助马姐学会与周围邻居和家庭成员沟通，与人为善，学会宽容。

（二）服务策略和服务程序

对于马姐自身而言，其正处于危机状态，半边天家园的工作人员必须快速、有效地解决她的困扰，让她摆脱危机的影响。首先要迅速了解服务对象的主要问题，有效稳定服务对象的情绪，积极协助她解决当前的问题。需要帮助其重新建立支持系统，进行心理疏导，避免婆媳不和给家庭造成影响。

对于社会环境而言，帮助她学会与周围邻居和家庭成员沟通，与人为善，学会宽容。

四 、服务计划实施过程

2015 年 3 月 2 日马姐到居民委员会反映，自己的婆婆对她不好，因为家庭琐事经常指桑骂槐，一不高兴就拿她撒气，她在这个家实在待不下去了，打算和丈夫刘某离婚，回外地娘家去。妇代会立即入户了解情况并进行了调解，并苦口婆心地劝解马姐，婆婆年纪大了，不要和她计较，毕竟她是长辈，应体恤婆婆以前的奔波劳碌。同时还劝解婆婆一定要宽容，有些事看不惯做婆婆的要理解，子女的事不要过多干涉，放手让孩子们当家，不摆老资格。经过对马姐入户耐心地劝解现在婆媳关系已经缓解。

五、总结评估

以上这个案例属于家庭婆媳纠纷，在接到当事人马姐的调解申请后，居民委员会工作人员考虑马姐的婆婆徐某如果有“家丑不可外扬”的观念，直接调解恐怕适得其反，通过与徐某谈话循序渐进地调解，使对方心服口服。

六、专业反思

对申请人马姐进行心理疏导和耐心劝解，使婆媳俩能够换位思考，形成互相体谅、互相尊重的正常婆媳关系，从而避免了婆媳家庭矛盾的再次发生。

（作者单位：滨海新区塘沽街道金海花园社区）

楼上楼下为渗漏闹纠纷
社区出面调解终解决

陈　红

一、背景介绍

2015年6月8日，家住滨海新区近开里社区14栋1门101的贾女士跑到社区调解室反映，说她家楼上201家的卫生间一直漏水，导致自己家里的卫生间和房间墙壁上起了很多水泡，脏水满地都是，墙壁上都是水迹，屋里臭味难闻。贾女士说，当时一发现这个情况后，就急匆匆地跑上楼，告诉201住户，他家卫生间漏水，但201住户反而说自己家的卫生间好好的，一点都没漏水，贾女士家墙壁渗漏的情况和他们没关系。

贾女士一气之下把这门的自来水管阀门关了，让大家都没有水用。于是201和101两家的矛盾激化，两家发生了口角，破口大骂。

二、分析预估

（一）服务对象的问题及需要

101室贾女士家卫生间漏水，由于贾女士无法及时赶到，等到回家时发现墙壁地上到处是散发着恶臭的污水，心情顿时气愤无比。找到201住户，指责他家卫生间常年漏水，但201室说自家的水管一点都不漏水，两家的矛盾激化。

此时101室漂满了脏水，需要及时清理，但贾女士没有亲人在本地。并需要找到问题的原因是否是201室漏水，但201室对此不予理睬，也不开门。

（二）预估摘要

自身系统：贾女士的情绪比较激动，由于子女都不在身边，长期的缺乏亲友的交流使她在与人交往上缺乏必要的沟通技巧。201 室对于贾女士的说话方式无法接受，不愿意配合贾女士解决问题。导致贾女士做出过激行为，直接关掉自来水管总阀门。

家庭系统：贾女士没有亲人在本地，遇到问题比较孤独无助，缺乏家庭系统的支持。

社会系统：需要社会工作的介入，调解贾女士和楼上邻居之间的矛盾，帮助贾女士清理家里的污水。

三、服务计划

（一）服务目标

帮助贾女士清理污水，调解贾女士与 201 住户之间的矛盾，找到漏水的真正原因。

（二）服务策略

1. 为服务对象提供社会支持。
2. 调解服务对象之间的矛盾。
3. 为解决服务对象问题寻找社会支持和社会资源。

（三）服务程序

1. 社会工作者主动提出帮助贾女士家清理污水，以表达社区调解室提供帮助的诚意，先用诚意打动贾女士再提出请她打开自来水总阀门的要求。

2. 与 201 住户协调，调解该住户和贾女士之间的矛盾，请专业维修队来检查水管的问题。

四、服务计划实施过程

社会工作者首先做201住户的思想工作，在调解过程中，以情动人，以诚感人，在社会工作者的劝解下，同意维修下水管道。

社会工作者继续做贾女士的思想工作，并主动提出帮她把污水清走，但前提是她必须先把自来水总阀门打开，但贾女士说社区的社会工作者必须先把污水清走，她才能打开总阀门。社会工作者们尽快地帮其清理后，贾女士终于同意打开总阀门。随后社会工作者们找到维修队，寻找漏水的症结，最后发现下水管已坏，为201室更换了下水管，解决了问题。

五、总结评估

经过社区工作人员耐心调解，两户居民最终达成了一致，楼上住户表示愿意维修。社区工作人员急群众之所急、想群众之所想，帮楼下住户搞卫生，邻里矛盾得到了及时化解，使得两家邻里又和好如初。两家人对社区的调解均感满意。

六、专业反思

此案例成功解决在于社会工作者能够清楚地掌握服务对象的家庭情况，用同理心与服务对象一起面对问题，最终感动了服务对象，圆满解决了问题。

（作者单位：滨海新区近开里社区）

邻里小事起纠纷　全力调解促和谐

刘丽华

一、背景介绍

滨海新区塘沽街道祥和家园居民委员会富贵嘉园小区内1栋702室住着韩老伯和孟大娘老两口，孟大娘身体一向不好，长年服药。2015年9月9日孟大娘听到楼上一阵一阵有滑轮滑来滑去的噪声，顿时觉得心脏难以忍受。看到老伴身体不舒服，韩老伯就上楼去找吴老伯理论，情绪比较激动。韩老伯楼上住着吴老伯和赵大娘老两口，赵大娘患病瘫痪在床，每次去卫生间时，吴老伯只能把她抱到轮椅上推着去卫生间。吴老伯觉得自己刚搬到这个小区来还没两天，况且老伴一天也去不了几次卫生间，韩老伯实在太不讲理了，不了解情况就劈头盖脸一顿训斥，便把韩老伯拒之门外。韩老伯回家后气不过，就拿着棍子敲房顶，吴老伯一生气就坐床边跺脚，两家的矛盾愈演愈烈。

二、分析预估

接到孟大娘的求助后，居民委员会工作人员对这起邻里纠纷进行分析预估。孟大娘的基本情况和面临的主要问题有：一是孟大娘身体一向不好，很少出门，由于韩老伯还要上班，孟大娘平时白天一个人在家，习惯了待在安静的环境里，难以忍受楼上轮椅移动的声音。二是楼上802室的吴老伯与赵大娘老两口刚搬到这个小区来，都已退休在家，由于赵大娘因病瘫痪，而吴老伯也年事已高抱不动赵大娘，所以只能用轮椅推着赵大娘在屋内移动。三是因为韩老伯与赵老伯发生口角，导致双方的小矛盾愈演愈烈僵持不下，孟大娘的心情受到很大影响，并因此出现失眠、心烦气躁等现象。

三、服务计划

（一）服务目标

帮助孟大娘与吴老伯以适当的方式解决此次纠纷，改善邻里关系，互相理解，邻里团结和睦、守望相助。

（二）服务策略

直接介入——个案会谈。

与韩老伯、孟大娘会谈，用个案工作——心理社会治疗模式中“描述一宣泄”的方法帮助韩老伯、孟大娘疏导、释放负面情绪，缓解烦躁的情绪，引导对吴老伯的理解。

与吴老伯会谈，以接纳、尊重、同感的理念和技巧建立信任关系，同时将孟大娘的情况告知吴老伯老两口，让他们了解到孟大娘的困扰，帮助调整认知，疏导情绪。

搭建沟通的平台，协调韩老伯与吴老伯之间的关系，让他们了解彼此的想法，通过换位思考来相互原谅彼此以前因小事儿发生的矛盾，并且消除矛盾。

（三）服务程序

首先通过心理辅导，疏导和释放当事人的负面情绪，然后分别与两家人进行会谈，促使他们相互理解，解决纠纷。最后链接社区医疗资源及志愿者队伍为赵大娘及孟大娘提供支持和帮助。

四、服务计划实施过程

按照服务计划，首先疏导和释放孟大娘的负面情绪，缓解孟大娘的烦躁情绪，并引导孟大娘理解吴老伯的困难。其次去吴老伯家走访会谈，让吴老伯了解孟大娘现在的基本情况和面临的失眠焦虑等身体情况，引导吴老伯换位思考来体谅孟大娘的处境。双方握手言和，矛盾化解后动员社区医院为赵大娘提供康复治疗，组织志愿者服务队定期帮助孟大娘家打扫卫生并邀请孟大娘参与到社区各种各样的文艺活动中来，走出封闭的小空间。

五、总结评估

此次邻里纠纷通过居民委员会工作人员对四位老人动之以情、晓之以理，当事人孟大娘与吴老伯两家人互相谅解，化解了矛盾冲突、达成了和解。孟大娘通过参加社区组织的趣味运动会、手工展等活动，脸上露出了久违的笑容，对环境的适应能力也增强了。赵大娘在社区医院医生的专业康复治疗下缓解了长期卧床的痛楚，在志愿者服务队定期前去探望的时候能与志愿者们聊聊家常，吴老伯说深深感受到了社区这个大家庭带来的温暖。

六、专业反思

刚接触到这个邻里纠纷，觉得要调解困难重重，因为双方当事人都认为自己处于弱势，均不作出退让。在了解一些初步的情况后，和双方进行过三次会谈，无论居民委员会工作人员怎么劝说，双方都不肯让步。当时居民委员会工作人员内心很难受，也很委屈。难受的是他们清楚这场纠纷让四位老人从身体上、心理上都备受煎熬。而委屈的是居民委员会工作人员明明是想帮助他们的人，感觉他们就像是自己的父母一样，不想让他们继续困扰着，可是他们为什么就这么不领情呢。之后令工作人员很开心的是最终被他们接纳，然后一起商量怎么面对这个问题，如今他们已经握手言和。

回过头来看看这个转变的过程，按照严格意义来讲，社会工作者应该有稳定的心态，不应该这样反移情。反思自己的专业技巧，要以优势视角去看待每个需要帮助的个体，介入前尽可能多地了解他们的情况，平等地、真诚地与他们交往，尊重他们，给他们成就感。之后再看针对他们每个个体用什么样的方法。一个优秀的社会工作者与他人的不同之处，是能够把握好技巧的度，既不是刻意地想技巧，也不是实务中不用技巧，而是真的让它融于身，但是，怎么把握，怎么内化，还需要自己在实践中慢慢摸索、加强专业知识学习，善于总结，学以致用。

（作者单位：滨海新区塘沽街道祥和家园社区）

新开里社区鞠某某夫妻家暴纠纷案

朱媛媛

一、背景介绍

滨海新区塘沽街道新开里社区鞠某某说丈夫赵某某自退休后，精神非常颓废，什么家务活儿也不帮着干，鞠某某和他理论，他反而暴跳如雷，最近竟发展到对她拳打脚踢，鞠某某想让调解委员会出面给予调解，如果调解没有效果，她就只能考虑离婚了。为此鞠某某找到新开里社区请求半边天家园给予帮助。

二、分析预估

来访人方面：鞠某某正值更年期，下岗待业多年在家，作为家庭主妇，家中所有家务都由她一人承担，无人帮忙，儿子30岁了至今未婚。因常年照顾婆婆，一家的重担都在她一人身上，鞠某某对此时常牢骚满腹。

社会环境方面：受封建传统观念影响，部分妇女还存在男尊女卑、夫权等观念，认为自己完全附属于丈夫，逆来顺受、委曲求全，因此，助长了丈夫施暴行为。“男主外、女主内”的传统家庭分工模式，导致部分妇女经济不独立，没有经济地位，在经济上的巨大依附性，迫使其长期忍受家庭暴力的侵害。由于本人法律意识淡薄，认为家丑不可外扬，一味忍让和躲闪，没有依法维护自己的权利，最终导致其长期遭受家暴。

三、服务计划

（一）服务目标

改善夫妻关系：增强夫妻之间的沟通交流，加强家庭的社会功能。化解夫妻矛盾，改善双方关系，使双方达成谅解，避免家庭解体。

（二）服务策略

对婚姻关系出现紧张和冲突的鞠某某及其丈夫进行婚姻辅导，通过沟通、劝说、协商促进夫妻关系改善。进行家庭辅导，邀请鞠某某和其丈夫参加社区活动，增强家庭成员之间的感情交流，目的是为了丰富家庭成员的社会生活，促进家庭和谐。

（三）服务程序

对于鞠某某自身而言，其正处于危机状态，社区工作人员必须快速、有效地解决她的困扰，让她摆脱面临的危机。首先要了解服务对象的主要问题，稳定服务对象的情绪，积极协助她解决当前的问题。需要帮助其重新建立支持系统，进行心理疏导，重塑生活信心。

对于社会环境而言，加大普法宣传力度，开展法制宣传教育活动，不断增强广大妇女的法制观念和防范家庭暴力的法律意识及自我保护能力，对其丈夫进行多次说服劝解，帮助他们和平共处，共度幸福的晚年生活。

四、服务计划实施过程

经当事人同意，由社区半边天家园工作者、社区妇代会工作人员从法律角度帮服务对象分析。鉴于如今的情况，如何维权。通过详细了解每次家庭纠纷的起因，得知都是一些家庭琐事，并没有实质的问题，就对鞠某某进行了心理疏导，社会工作者通过电话联系把赵某某请到调解委员会，问他：听居民反映最近你家里常有争吵声，有什么家庭矛盾吗？赵某某说：我干了一辈子了，好容易退休在家享清福了，她却嫌我在家碍事，成天唠唠叨叨的，太烦人了！社会工作者说：我们也找鞠某某了解过情况，听说你还有家暴问题，这可是不应该呀，鞠某某几十年来孝敬老婆婆，就冲这一点你也不能打她呀！赵某某说，你们是不知道，她唠叨起来有多气人，我又说不过她，只有动手才能解决！工作人员说，夫妻几十年了，她不跟你唠叨跟谁唠叨？你对妻子动手，从轻了说，破坏了夫妻感情、家庭和睦；往重了说你侵犯了妇女的合法权益！赵某某听后低头不说话了。

五、总结评估

经过社区的工作人员反复对鞠某某进行劝慰，帮她重塑生活信心，让她尽快走出悲伤。并与鞠某某的亲属联系，希望能得到他们对鞠某某的理解和支持。

上述维权案件的成功处理，是社区以危机介入模式协助妇女维权和帮助妇女走出困境解决困难的有效尝试。

六、专业反思

对婚姻暴力的分析，可分为几个方面：首先侧重从个人因素来探讨，认为施暴者个人的认知、行为和情感方面的缺陷导致家庭暴力，如自卑、不会表达思想和情绪、害怕与人建立亲密关系、多疑等。其次，从个人与家庭等方面分析暴力的产生原因。最后，从家庭暴力角度出发，大多数妇女把家庭暴力当作“家务事”，甚至认为是“家丑”，导致大部分妇女在遭受了家暴之后，感到无助和沮丧，不愿将自己的“伤疤”暴露在大家面前，案例中鞠某某认为自己没有收入，全靠丈夫退休金生活，所以丈夫对自己的暴力和冷言冷语只能默默承受，自己陷入自卑当中，所以在调解时首先要树立鞠某某的自信心。

（作者单位：滨海新区塘沽街道新开里社区）

管道渗水引矛盾　法理结合息纠纷

苑晓燕

一、背景介绍

李某（化名），系滨海新区塘沽街道贻芳嘉园社区居民，其居住的濒开里小区房龄已有20多年，没有物业，由塘沽四公司监管。房屋相对陈旧，很多管道老化问题频出。2015年7月，王某（化名）将其购买的二手房产（濒开里小区402室）重新装修后出租，因施工问题，致使李某家（濒开里小区403室）的次卧墙壁返潮掉灰，墙壁的砖体也已显现，并且整面墙壁多处发霉，对李某的日常生活造成了诸多不便。于是李某找到王某理论，希望能在此问题上达成一致、和平处理。谁知，王某以租户回老家、不便拿钥匙进屋查看为由一直不予配合，由此双方矛盾升级，发生争吵。李某来到调解委员会寻求人民调解员帮助。

二、分析预估

这是一起典型的因管道漏水引起的邻里纠纷，调解委员会受理后，先到现场拍照取证，通过与双方的沟通，了解到两家相识时间不长，因为这次纠纷发生过激烈争吵，双方都憋着一口气，都不肯让步，是这次矛盾纠纷的症结所在。从某种意义上说邻里关系是最为重要的关系，不管平时是否经常来往，也不管是否曾经有过矛盾，在一家出现问题需要相邻方配合协商时，相邻一方应该提供方便，而不能以任何理由设置各种障碍，造成损失的扩大。至此调解委员会认为两家需要学会换位思考，相互理解，并且分别请两家人到居民委员会调解室谈话，了解两家人的要求与想法，并依据相关法律进行解释，分析了有关法律关系和利害后果，在充分尊重两家人的意见基础上，就问题的解决进行协商。

三、服务计划

（一）服务目标

1. 化解纠纷。
2. 改善关系。
3. 促进社会和谐。

（二）服务策略

1. 真诚沟通、耐心劝导。
2. 互谅互让、换位思考。
3. 有法可依、违法必究。

（三）服务程序

1. 成立调解小组，组织例会，分析研判。
2. 制订方案，达成共识。
3. 化解纠纷，促进社会和谐。

四、服务计划实施过程

（一）成立调解小组，平复双方情绪

调解委员会立即成立调解小组，由调解小组成员分别上门了解事件起因，做好谈话记录、收集影音资料，平复双方情绪，做好相关法律解释工作，防止矛盾升级，从换位思考、相互理解的角度去倾听、交谈，初步了解双方的要求与想法。

（二）分析预估事件，研究解决方案

调解委员会召开内部会议，首先，由调解小组分别叙述上门约谈的情

况，以及双方诉求；其次，就上门约谈情况，研究纠纷起因，找到解决问题的切入点；最后，制订调解计划，按步骤实施。

（三）双方实地互看，寻求问题切入点

调解小组将王某带至李某家中查看次卧墙体情况，一方面设身处地地让其感受到漏水给李某日常生活造成的影响，且李某在多次自费修理后，墙体发霉现象依旧存在的情况下，才去与王某理论。王某手机多次打不通，也没有具体作为，所以才使李某怒气冲冲，态度不好。另一方面李某向王某讲明应尽快对厕所进行检修，找出渗水原因，做好防水措施，这也保证自家不受损失。此外，希望李某理解王某的境况，因为租户着急入住，王某装修没有太过细致，再加上工作繁忙，失控漏管，导致事件发生。

（四）相互协商，化解纠纷

在双方情绪平复、互看实地之后，调解委员会邀请双方到居民委员会协商解决问题，经双方、装修队协商，达成了以下两点共识：

先从402室修补渗水源头，做好防水，403室重新刮腻、刷浆、粉刷。

402房东也主动向403李某道歉，保证今后遇到类似的问题，一定及时修理，并愿意承担维修费用600元，李某接受道歉，两人冰释前嫌。

此外，调解员还宣读了相关的法律法规政策，根据《中华人民共和国物权法》第八十四条规定："不动产的相邻权利人应当按照有利生产、方便生活、团结互助、公平合理的原则，正确处理邻里关系。"因此无论从法律法规或者是道德情感，都应朝着有利于邻里和睦和谐的方向处理。就此，一场有关漏水问题造成的邻里纠纷便得到了妥善的处理与解决。

五、总结评估

本案是社区调解委员会解决的一件典型因房屋漏水引发的邻里矛盾。邻里纠纷具有琐碎性、易发性等特点。因为居住在楼上楼下、左邻右舍，往往是抬头不见低头见，邻里之间一些小矛盾处理不好就会演变成激烈的冲突。针对此案，调解委员会利用各自的身份及优势，利用情、理、法相

结合的方法解决纠纷。调解员在调解前进行了走访、取证工作，在调解时让其换位思考，并向当事人讲解《中华人民共和国物权法》等相关法律法规的规定。社区调解委员会分析调解对象各自的处境和特殊情况，晓之以理、动之以情，两者结合最终使各方当事人心悦诚服地接受了调解，达成共识。

六、专业反思

和谐的邻里关系不仅带来了生活上的便利，促进了良好的社会治安，也为居民营造了安全和谐的居住环境。时至今日，营造友好的邻里关系与和谐的社区环境成为构建和谐社会的重要组成部分和必然要求。但是随着市场经济的发展，特别是随着城市化程度的不断提高，居民的居住结构的变化，以及人们对个人独立性及隐私性的要求，使得邻里关系逐渐疏远与淡漠。邻里之间互不往来，见面不识的现象成为常态，邻里之间因为生活琐事等问题发生矛盾与纠纷时有发生，因此排解邻里纠纷矛盾，促进邻里和谐则日渐成为人民调解工作中一项重要的日常任务和内容。针对案件化解，调解员的真诚、耐心是必不可少的。

（作者单位：滨海新区塘沽街道贻芳嘉园社区）

运用“三方联调”机制
成功化解矛盾纠纷

张训征

一、背景介绍

天津碱厂自备电厂拆除后，滨海新区核心区的 4 万户居民供热问题亟待解决。滨海新区政府于 2014 年 5 月启动了天碱供热替代工程，计划新建配套供热管网，以确保新港、向阳等社区居民温暖过冬。

塘沽街道华云园社区位于新港地区，属于天碱供热替代工程改造范围，需要在小区附近重新铺设供热管道。工程施工方经理杨某在和华云园小区物业公司协商后，于 2014 年 9 月初开始施工，在小区业主车位上挖土开槽、铺设管道。

2014 年 9 月 10 日，华云园小区居民张某、刘某等人发现施工人员在利用挖掘机挖土时，破坏了原来埋入地下的闭路电视、网络、供电等线缆设施，致使线缆外皮开裂、线芯裸露，在回填时也没有采取任何防护措施，留下了安全隐患。张某等人立即对施工人员进行了阻拦，并以侵害小区业主公共利益为由，要求施工方对全体业主赔偿 20 万元。施工方以这项工程是政府行为，且物业公司同意施工为由，打算继续施工；居民张某等人多次报警，阻止施工。张某等人还在小区主要出入口悬挂横幅、张贴公告，“声讨”小区业主委员会和物业公司不维护业主权益，倡议全体业主行动起来维护权益，解决不了就去滨海新区政府集体上访。

二、分析预估

天碱供热替代工程是滨海新区政府的一项民心工程，如果居民坚持不让施工，将会影响整个工程的进度，甚至会影响4万户居民冬季供暖。这起矛盾纠纷引起了华云园社区居民委员会和社区人民调解委员会的高度重视，他们一致认为，如果这起矛盾纠纷调处不好，可能会引起越级上访和集体上访，将会产生严重的后果和恶劣的社会影响。

社区调解委员会根据以往的调解经验，多次召开专题会议，分析矛盾起因，商讨调解方法。调解委员会认为，供热管网改造的施工方如果在小区外面的马路上挖土开槽、铺设管道，或者在小区外面的绿化带里施工，一是要多动用机械设备，费用会较高；二是工期会较长；三是要协调市政、园林、道路交通等部门配合，这样做施工成本比较高、工期长。如果施工方在小区车位上施工，地质松软，使用一般的挖掘设备即可，他们认为只需要和物业公司及业主委员会协商一致就可以了。这样做既可以节省费用，也可以缩短工期。由于施工中被业主发现了安全隐患问题，导致部分业主阻挠施工，以致工程停顿下来。

调解委员会认为，双方争议的焦点在于：施工方能否在小区进行施工？物业公司和小区业主委员会能否代表全体业主同意施工方进入小区施工？进入调解阶段后，要重点围绕焦点问题开展工作。

鉴于小区业主张某等人多次报警，社区调解委员会决定联合派出所一起进行调解；同时，协调法律援助中心律师对施工方进行法制宣传、法制教育，尝试采取“三方联调”机制，化解这起矛盾纠纷。

三、服务计划

（一）服务目标

1. 向双方当事人说明这次供热替代工程改造的意义。
2. 对施工方能否在小区施工进行质询论证。
3. 向小区业主代表征询对施工方的意见。
4. 探询双方对赔偿金额的期望值，协商双方认可的赔偿金额。
5. 协助双方消除冲突，最终确定赔偿金额。
6. 消除业主意见，施工方继续施工，保障工程按期完成。

（二）服务策略

鉴于这起矛盾纠纷的复杂性，社区居民委员会决定由调解委员会主任和社区“金牌调解员”担任主要调解员，联合辖区新港派出所和法律援助中心律师一起，运用“三方联调”机制进行调解，并与法制宣传、法制教育相结合。在本案例中，一方面要对施工方进行《中华人民共和国物权法》《物业管理条例》等法律法规的法制宣传和法制教育；另一方面，要对阻止施工的业主代表进行治安管理方面的法制教育，教育他们要正确运用法律武器，维护正当的合法权益。同时，也要对小区物业公司、业主委员会进行法制宣传。

（三）服务程序

社区调解委员会、派出所、法律援助律师按照商议的调解计划，分别对施工方、业主代表和物业公司进行法制宣传和调解调查，调查事情的来龙去脉，还原事情真相，共同分析三方存在的问题和不足，厘清各自的权限和责任，按照法律规定，判定三方的对与错，最后根据各自提出的赔偿金额，再进行协商与调解，最终达成共识，化解矛盾。

四、服务计划实施过程

在本次调解中，社区人民调解员采用“三方联动、三管齐下”的方法，同时开展工作。第一，由社区援助律师对施工方进行《中华人民共和国物权法》《物业管理条例》的法制教育，告知他们施工前要按照有关法律法规，履行合法程序，征得居民同意；第二，由新港派出所领导、社区民警对居民张某等人进行《中华人民共和国治安管理处罚法》的法制宣传，告诉他们在运用法律武器维护合法权益的同时，也要遵纪守法；第三，社区人民调解员重点对赔偿数额进行协调，并召集小区业主委员会成员、物业公司负责人、施工方和业主代表张某等人见面协商。

表面看来，引发这起纠纷的导火索是由于施工方没有文明施工，损坏了地下线缆设施，深层原因则是小区物业公司没有征求绝大多数业主意见而同意施工方进入小区施工。业主代表从有关渠道得知：小区物业公司准备收取施工方2万元保证金，才允许其进入小区施工。业主代表认为，小区车位属于全体业主的共有部分，物业公司无权代表广大业主随意进行处置，施工方和物业公司都违反了《中华人民共和国物权法》和《物业管理条例》的有关规定，应依法停止实施侵害或给予适当补偿。如果施工方停止施工，再重新选址施工，势必将影响整个供热替代工程的进度，甚至会影响4万户居民的冬季取暖问题。由此看来，这起纠纷一定要圆满调解好，才能保证整个工程顺利完工。

社区调解委员会认为，施工方、小区物业公司和业主委员会在此次纠纷中，均有不同程度的过错。调解委员会建议，一方面他们要向业主代表真诚道歉，另一方面施工方要给予全体业主一定的赔偿。

调解之初，几名业主代表提出要施工方一次性赔偿20万元，施工方则认为此项工程本身是政府行为、民心工程，完工后并没有多大利润，再赔偿这么多就没有什么意义了。业主代表认为，这么大的工程，肯定有利润，施工方赔不了20万元，也要赔偿10万元。双方因赔偿金额问题各持己见，互不相让，调解工作一度陷入僵局。

《天津市物业管理条例》第三十九条规定："任何单位或者个人不得随意占用物业管理区域内的道路、场地。确需占用道路或者场地停放机动车辆的，应当征得业主会同意。"因此施工方应首先和小区业主会进行商谈，征得同意后再施工；根据《中华人民共和国物权法》第三章第三十二条"物权受到侵害的，权利人可以通过和解、调解、仲裁、诉讼等途径解决"的规定，作为小区居民张某等人，应该找到社区人民调解委员会进行调解，或者到人民法院进行诉讼，而不应该采取阻止施工、悬挂横幅、张贴公告等过激行为。

最终，经过派出所领导、社区调解委员会和援助律师的多次调解，双方在赔偿金额、文明施工等方面达成了共识，此次矛盾纠纷成功化解。施工方一次性给予华云园小区全体业主经济赔偿4万元，支付给华云园小区业主委员会工程维修押金1万元（由社区居民委员会代为保管）。工程保修一年，一年内损坏地方由施工方负责维修，工程保修一年后，由华云园社区居民委员会将押金归还给施工方。如果施工方没有在约定的保修期内进行维修，押金将由社区居民委员会用于工程维修方面。业主代表张某等人用赔偿款购买了面粉、食用油等物品，发放给小区居民。工程结束一年内，施工方对工程破修地方重新进行了维修。2016 年 1 月初，华云园社区居民委员会将 1 万元押金退换给了施工方经理杨某。

五、总结评估

针对此次调解，社区工作者（人民调解员）进行了检查和总结。第一，这起纠纷关系到滨海新区核心区 4 万户居民的冬季取暖问题，是否能够调解成功，事关滨海新区稳定大局。这次调解只许成功，不能失败。社区工作者工作目标明确，且有决心有信心实现目标定位。第二，这起纠纷的介入方式和服务计划设计较为合理，发动了辖区资源，实现了社区调解委员会、辖区派出所、法律援助中心三方联动联调，为成功实现目标定位奠定了基础。第三，本案的焦点集中在赔偿金额上，业主代表要为全体业主多争取利益，施工方则考虑怎么样能少赔偿些。最终，经过社区工作者的调解，赔偿金额双方都比较满意。

六、专业反思

这是一起因施工侵犯居民合法权益，居民又盲目维权的典型案例。施工方没有履行合法程序，且没有文明施工，导致部分居民阻挠施工，并要求经济赔偿；一些居民在维护合法权益时，没有采取正当途径，双方互不相让，产生了矛盾纠纷。业主张某等人还在小区大门口悬挂横幅、张贴公告，倡议全体业主维护权益，解决不好就去滨海新区政府集体上访，在小区内造成了一定的不良影响。如不圆满化解此次纠纷，将会引发严重的后果。

华云园社区人民调解委员会积极探索矛盾纠纷化解机制，充分整合调解资源，将“人民调解、行政调解、司法调解”进行联调联动，并与法制宣传、法制教育相结合，实现了“三联动两结合”，全面构建“大调解”格局，在此次重大矛盾纠纷化解中取得了显著成效，为今后矛盾纠纷调解、疑难案件化解进行了有益探索，积累了成功经验。

（作者单位：滨海新区塘沽街道华云园社区）

赡养纠纷典型案例

郑立娟

一、背景介绍

服务对象现年70岁，体弱多病，年轻时曾是一名下乡知青，遭受到的苦难比较多。结婚后生育一儿一女，女儿一直在外地工作，无法照顾服务对象。儿子结婚后，一家人住在滨海新区新河街道漓江里小区一居室，夫妻双方收入较低，生活比较拮据，无法和服务对象生活在一起。服务对象现已退休，每月退休金仅300元，老伴几年前去世，她在市里有一处平房，但因破损严重无法居住，只好在外面租房住，服务对象只得选择合租，这样可以减少生活开支，能维持生活。后来由于合租人撤出，服务对象微薄的退休金无法支付高额的房屋租金。服务对象多次与儿子协商，想与其同住，因服务对象的儿子居住面积小，而且孩子已经上初中，只能在居室的小厅里搭一张小床将就，无法与服务对象一起居住。服务对象又提出维修市里的小平房，并让儿子支付一部分生活费用及医疗费用，因为儿子自己生活就困难，多次商量没有答应服务对象的要求，时间久了，母子俩产生了矛盾和隔阂，亲情也逐渐疏远了。服务对象来到社区，求助社区解决目前的困难。

二、分析预估

服务对象面临的问题：一是由于服务对象老伴几年前去世，尽管在市里有一处平房，但现在破损严重无法居住。二是由于服务对象年龄较大，微薄的退休金无法支付高额的房屋租金，并面临支付医疗费等困难。

现有资源：社会工作者上门了解情况之后，通过社区调解委员解决服务对象的困难。

三、服务计划

（一）服务目标

1. 社区工作者通过了解服务对象的情况，其并不符合“三无”老人（无子女赡养、无生活自理能力、无基本生活经济来源）的条件，只能自己承担相关费用。

2. 与服务对象沟通，帮助服务对象排解内心的苦闷，并告诉她通过社区调解委员会解决目前的困难。

3. 社区工作者与服务对象的儿子积极沟通协商，在生活上给予老人一定的帮助。

（二）服务策略

社区工作者通过调解委员会，对服务对象的困难情况进行交流沟通，多次分别对服务对象及其儿子进行劝导，晓之以理、动之以情，已达到服务计划的目标。

（三）服务程序

1. 社区工作者先通过服务对象了解她的家庭情况、身体情况和经济状况，以确定为她服务的目标。帮助服务对象排解内心的苦闷，多次与她真诚交流、沟通，告诉她通过社区调解委员会解决目前的困难。

2. 社区工作者深入漓江里小区，与服务对象的儿子进行交流沟通，晓之以理、动之以情，告诉他赡养老人是儿女义不容辞的责任，要对服务对象尽儿女的一份孝心。

四、服务计划实施过程

(一) 前期准备

本案例是有关老人赡养的问题，前期准备工作中，社区工作者一方面了解服务对象的需求，对服务对象进行预估和需求评估；另一方面，是制订服务计划。本案例前期准备工作基本完成。

(二) 初期工作

社区工作者对服务对象进行了初步了解，互相熟悉，与服务对象沟通，帮助服务对象排解内心的苦闷，并告诉她通过社区调解委员会解决目前的困难，这有利于工作的进一步开展。

(三) 中期工作

社区工作者通过与服务对象耐心交流沟通后，建立了信任，了解到服务对象现已退休，月退休金 1300 元，老伴几年前已经去世，她在市里有一处平房，但破损严重无法居住，只好在外面租房住，服务对象开始选择合租，这样，除了房租，自己还能维持生活。后来由于合租人撤出，服务对象微薄的退休金无法支付高额的房屋租金，于是多次与儿子协商，想与其同住，但服务对象的儿子居住面积小，孩子已经上初中，只能在居室的小厅里搭一张小床将就，无法与服务对象一起居住。服务对象又提出维修市里的小平房，并让儿子支付一部分生活费用及医疗费用，因为儿子本身生活就困难，也没有答应服务对象的要求，时间久了，母子之间产生了隔阂，亲情也逐渐疏远了。社区工作者针对这些问题进行了分析，了解了服务对象的需要，社区工作者通过调解委员会深入漓江里小区，与服务对象的儿子进行交流沟通，向他宣传《中华人民共和国老年人权益保障法》的相关法律法规，讲政策、讲法律、讲亲情，晓之以理、动之以情，告知赡养老人是儿女必须履行的法定义务，是义不容辞的责任，必须对服务对象尽儿女的一份孝心。

（四）后期工作

经过调解委员会成员分别对服务对象及其儿子进行协调，数次调解，晓之以理、动之以情，双方终于达成如下协议：

1. 天津市区的房屋由儿子修缮，确保服务对象能居住。

2. 儿子每月给服务对象200元赡养费。

3. 服务对象名下的房子儿子以后放弃继承权。

双方对此协议非常满意，在案例回访中，从签订协议下月起，双方一直执行协议条款，和睦相处，十分融洽。

五、总结评估

子女赡养父母是法定义务，不得附加任何条件，更不能拒绝。该案例是子女以家庭经济条件困难为由，拒绝服务对象提出的需求，社区工作者通过调解委员会和服务对象及其儿子多次沟通协商，晓之以理、动之以情，经双方同意，达成协议，各自履行遵守协议。作为社区工作者要善于发现问题的根源，探讨解决问题的实质，从而对整个过程有一个详细的了解，通过案例分析和服务计划，不断调整工作和解决问题的策略，更加维护服务对象的需求。

六、专业反思

本案是一起典型的赡养纠纷案件，这类案件在现实生活中时有发生，如果通过法律使问题得以解决的则显得亲情之间有了距离感，经过社区调解委员会调解不仅省略了很多程序，更能有人情味儿。究其原因，我们要提倡道德规范对人们行为的约束，因此，面对困难群体权益侵害的时候，社区调解委员会发挥了不小的作用，本案就深刻地说明了这一点。

（作者单位：滨海新区新河街道漓江里社区）

北岸尚城社区典型工作案例

林宝桐

一、背景介绍

武清区东蒲洼街道北岸尚城社区是一个商业社区，2008 年由于天津市新政策，购商品房可以办理蓝印转红印，所以许多外省市的人们为了孩子考学，都到这里买房，但并不在此居住，造成了较多房屋空置，而且周围有许多村庄正在撤村建居，有一些还迁居民和建筑工人，也都到这里租房，由于各个群体的住户生活习惯不同、文化差异等原因，引发了一些生活矛盾，通过社区居民委员会、物业、派出所的介入协调，使得大伙儿之间多了份体谅和包容。

二、分析评估

因居民生活节奏、生活方式的不同，楼上楼下相互之间会造成一些影响，尤其是楼上对楼下居民的影响更大，所以就需要邻里间相互体谅和包容。

三、服务计划

（一）服务目标

实现邻里团结，协调好居民之间的关系，促进和谐文明社区的发展。

（二）服务策略

将当事人、社区居民委员会工作人员、物业公司人员、社区民警组织在一起座谈协商，从根本上解决矛盾。

（三）服务程序

先由居民委员会工作人员侧面了解一下纠纷产生的缘由，然后与当事人面对面地深入分析矛盾产生的原因，再视情况由物业公司人员或社区民警介入，同当事人说明行为所带来的危害和对后果所负的责任，最后由居民委员会工作人员调解双方矛盾。

四、服务计划实施过程

1. 先从周围邻居了解双方当事人的情况，对当事人的纠纷有一个初步了解。再单独与当事人分析深层原因——从楼上扔垃圾、晚上的洗澡水从楼上管道倒下，噪声影响了楼下居民休息。

2. 组织楼上的当事人、物业公司工作人员、社区民警一起对楼上当事人行为所造成的影响进行分析，讲明其应负的责任，并对其进行批评教育。

3. 同楼下当事人将了解的情况告知——楼上当事人的生活比较困难，所以为了节省房租，租住了现在的房屋，由于房屋未装修，所以像日常生活的“三盆”就没有安装，有时图方便就直接将盆里的水从楼上的排水管道倒下，现在对自己的行为所造成的影响感到自责，没有想到自己的行为会有这么大的影响。

4. 将双方当事人安排在一起，对双方进行进一步的协调。

5. 双方达成和解，通过调解，双方多了包容和理解。

五、总结评估

在大家共同的努力下，双方当事人达成了和解，楼上安装了“三盆”，不再从楼上管道倒水，有时扔垃圾会将楼下的一起捎下去，楼下家里要是有什么好吃的也会给楼上送去一份，邻里之间变得更加和睦，为社区的和谐添加了一份力量。

六、专业反思

社区工作是指在党和政府的领导下，依靠社区力量，利用社区资源，强化社区功能，解决社区问题，促进社区政治、经济、文化、环境协调和健康发展，不断提高社区成员的生活水平和生活质量的过程，促进社区的和谐发展。

（作者单位：武清区东蒲洼街道北岸尚城社区）

解决业主与物业服务公司纠纷的典型案例

李树香

一、背景介绍

李某某，男，42岁，现在天津市冀津电梯工程有限公司工作，属于个体经营户。自购买西青区汇英苑社区聚贤里小区住房，同家人一直在此居住。李某某购买聚贤里的房屋属于楼房顶楼并带有露台，经过长时间精心装修后，一家人喜迁新居。但新居每到雨季楼顶就开始渗水，刚开始只是把墙皮阴湿，随着时间的推移开始出现楼顶滴水。且滴水的位置正好在卧室床头，李某某多次和社区物业公司协商解决维修，物业公司则推说开发商保修时间过期，维修要动用房屋维修基金，一直没有给予维修。2014年开始李某某不再缴纳物业费，从而和物业公司产生矛盾。

二、分析预估

（一）对李某某自身系统的预估

从个人角度来看，李某某认为楼顶因漏雨维修应该是物业公司的服务项目，然而物业公司一直拖延时间不予维修，就是因为物业公司不想出维修费用，导致事态变得更加严重，从刚开始的渗水演变为滴水。

（二）对李某某家庭系统的预估

李某某与妻子和两个孩子一起生活在聚贤里小区，因为李先生工作很忙，平时对家里的事情很少过问，一直由妻子照顾打理。到了雨季楼顶问题一直困扰着妻子和孩子们的生活，给他们的生活造成不必要的影响。回到家中身心疲惫的李某某，还要聆听爱人的絮叨，以致对物业服务公司产生极大的不满。加之几次与物业公司的接触，物业公司拖延维修时间，导致楼顶渗水更加严重，无奈之下以物业服务公司无理由拖延不给业主维修楼顶为由，自2014年不再缴纳物业服务费。物业公司也以李某某不缴纳物业服务费为由，拒绝上门维修。从而使业主和物业服务公司产生矛盾。

（三）对社区以及社会资源体系的预估

在社区和社会资源方面，因为李某某在人际关系方面有很多的优势，认识很多在聚贤里小区居住的居民。聚贤里的房型具有相似性，其他楼栋楼顶也有渗水的情况发生。物业公司大多也拖延维修时间，但也有个别情况物业公司给予了修复。所以导致李某某用不缴纳物业服务费的办法，来表达对物业服务公司的不满。

三、服务计划

（一）服务目标

为了解决物业服务公司与服务对象之间的矛盾，改善物业服务公司与社区业主之间的关系，提高社区的和谐程度。

（二）服务策略

1. 直接介入服务策略

了解业主目前的情况、业主的诉求，解决目前的问题，说服业主缴纳物业费。

2. 间接介入服务策略

联系物业服务公司，了解服务主体，沟通解决途径。

3. 整合式服务策略

召开座谈会，说明情况，协商解决问题。

（三）服务程序

1. 入户实际了解房屋受损情况。
2. 了解业主情况以及对物业公司在服务方面的要求。
3. 联系物业公司，了解服务项目不能受理的原因，商讨解决途径。
4. 组织业主和物业公司召开座谈会，商讨解决途径。
5. 物业公司对服务项目进行服务。
6. 确定业主对服务项目满意度。
7. 跟进后续事项。

四、服务计划实施过程

社区工作者到李某某家中查看房屋情况，因每年雨季雨水的浸泡，屋顶有半平方米见方的墙皮已经脱落，受损部位位于床头上方，在一定程度上影响了床的使用。给业主生活带来一定的不便，与屋内的格局格格不入。

经与业主聊天，倾听业主的倾述，了解到自购买聚贤里小区住房，同家人一直在此居住。房屋类型属于楼房顶楼并带有露台，经过精心装修后才搬进新居。但从入住聚贤里后只要到每年的雨季楼顶就开始渗入雨水，刚开始只是把墙皮阴湿，随着时间的推移开始出现楼顶滴水。多次和社区物业公司协商进行维修，物业公司则推说开发商保修时间过期，维修要动用房屋维修基金，一直没有给予维修。没有其他解决途径，经了解社区其他住户情况，为表示不满 2014 年开始一直没有缴纳物业费，从而和物业公司产生矛盾。业主希望物业服务公司尽快对屋顶进行维修，维修之后业主主动缴纳物业费。

社区工作者到物业公司了解到，开发商的免费维修期是 5 年。保修期过后，社区住房专有部分属于业主个人维修，楼顶属于共有部分，物业公司只负责楼顶的维修，屋内的部分需要业主自行处理。业主要求屋内部分一并由物业公司赔付，物业公司不同意担负业主的费用，因此一直不能达成协议。加之业主没有缴纳物业费，物业公司拒绝为业主维修。

社区工作者扮演协调者的角色，组织业主和物业公司负责人进行座谈，商讨解决途径。经过两次组织开展座谈：首次座谈，双方陈述各自的责任和期望，物业公司提出同意维修楼顶受损部位，但屋内专有部分只维修受损部位，并恢复屋内受损部位的墙皮，楼顶维修费用物业公司担负，屋内修复费用业主自行负担，维修人员由物业服务公司聘请。业主提出由于物业公司没有明确维修责任和拖延维修时间，物业公司不仅要对楼顶和屋内进行维修，就屋内的整间房屋的墙皮物业公司都要恢复原样，并且保障质量，全部费用和人员聘请由物业公司担负。第二次座谈，经过社区工作者再次与物业和业主沟通，物业公司同意为业主维修房屋楼顶，以及屋内受损部分和整个房间的墙皮恢复，由物业公司聘请工作人员维修保证质量，但物业公司担负楼顶和受损部位的维修和墙皮恢复的费用，除受损部位其他部位的墙皮修复费用由业主自行负担。业主同意物业公司的提议，维修以后经业主认可后，业主主动缴纳所欠的物业费。经过两次座谈、多次沟通最终达成协议。

2015年10月应口头协议规定，物业服务公司聘请专业维修人员对业主家的楼顶和房屋内部进行了整体维修。经过半年的观察期楼顶没有出现再次渗漏的情况，业主通知社区工作者物业公司履行了口头协议，并主动到物业公司缴纳了物业费。

经社区工作者核实情况属实，社区工作者协调社区居民委员会应物业服务公司提议动用应急维修基金对社区各楼栋楼顶进行统一维修，避免类似事情的发生。至此本次服务圆满结束。

五、总结评估

服务目标是为了解决物业公司与业主之间的矛盾，改善物业与社区业主之间的关系，提高社区的和谐程度，契合服务宗旨。在本次个案服务中，社区工作者的介入得到了较好的效果，不仅解决了业主长期因房屋渗漏雨水影响正常生活的问题，而且帮助物业公司提高了物业费收缴率，改善了业主与物业公司之间长期存在的矛盾。在服务过程中社区工作者运用沟通、倾听、询问、会谈等技巧收集双方的相关资料。社区工作者在服务过程中扮演了协调者的角色，通过座谈和私下各自会谈的形式协商解决问题，最终达到预期的目的。

六、专业反思

虽然本次业主和物业服务公司的矛盾圆满结案，经过回顾解决问题的过程，社区工作者意识到需要进一步加强解决问题的能力。结合本案反映出社区中类似相关的矛盾还会出现，社区工作者秉持减少矛盾的产生，在跟进服务中发挥资源筹措者的角色，联系相关部门以拨款或赞助的形式，从根本上解决问题。

（作者单位：西青区汇英苑社区）

调解工作的典型案例

史玉丽

一、背景资料

河西区陈塘庄街道天山里6门110－510室下水道堵塞，污水流进110室内导致家具被泡，因310室不愿掏疏通下水和赔偿的费用。所以1楼把自来水管总阀门关死，导致110－510室居民没有自来水，造成楼上居民生活不便。

二、问题分析

楼上楼下居民因为下水反复跑冒造成经济上的损失和生活上的不便，而且问题不能从根本上解决。

三、工作目标和服务计划

（一）远期和近期目标

1. 远期目标。帮助居民从根本上解决下水道经常堵塞的问题。

2. 近期目标。一是做通1楼居民工作尽快打开自来水总阀门，解决楼上居民生活用水；二是做通楼上居民工作，协调此次污水跑冒给1楼所造成损失的赔偿，并交纳疏通下水道的费用。

（二）具体介入计划

1. 和110室居民面谈，了解其真实想法，提出赔偿的具体要求。

2. 和310室居民面谈，了解其真实想法，是什么原因导致不愿意拿出此次费用？因为之前的几次都顺利地拿出费用。

3. 帮助服务对象澄清自身的问题和需求，链接能够利用的社会资源从根本上解决问题。

4. 引导服务对象多用宽容的眼光来看待邻里之间的矛盾，调整心态相信远亲不如近邻。

5. 跟进服务。

四、服务计划实施过程

首先从110室了解为何关闭自来水总阀门，造成楼上生活用水不便。1楼是位独居老人，下水反复堵塞已经造成生活不便，而且每次疏通都是自己找人来疏通，虽然产生的费用由大伙儿均摊，但每次还要楼上楼下跑几次才能收齐，这次下水堵塞，污水跑冒一地，臭味难闻不说，还把家具给泡了，造成经济上的损失。工作人员先从帮助老人打扫室内卫生开始，帮助老人挪动家具把污水擦干净，家具挪到屋外进行晾晒，尽可能地帮老人减少损失。

其次到310室面谈，得知110室的老人每次收疏通下水的费用已超出正常的疏通费用，并且每次通下水他们并不知道，只是老人收取费用时才知道1楼下水堵塞了，至于是不是真的堵塞也存在疑问，希望1楼住户能够自己做独立下水，不和楼上居民使用同一个下水管道。工作人员从邻里之间需要互谅开始并且协商一楼做独立下水，并且此次疏通管道的时候知会楼里的相关人员到场，让大伙儿互相帮忙，发扬邻里互助的精神。

最后利用相关的社会资源，联系产权单位来进行一次彻底的排查，找出问题到底出在什么地方。产权单位在第二天来到现场进行排查，结果原因是从楼道出来的一根大管断裂造成的堵塞，并承诺尽快更换管道。工作人员又把110室想做独立下水的想法向施工方反映，经过沟通施工方同意换管道的同时帮其做独立下水。

五 、总结评估

经过两天的楼上楼下的反复做工作以及工作人员的真诚打动了110室和310室的居民，1楼的自来水总阀门打开了，居民的生活恢复了正常，310室的居民也主动把疏通下水道的费用送到了110室的居民手中，通过此次事件邻里关系更加融洽了。

六、工作反思

工作要有爱心和耐心，用自己的真诚去打动对方。合理地利用社会资源解决社区问题。

（作者单位：河西区陈塘庄街道天山里社区）

矛盾化解典型案例

马　涛　崔智颖

一、背景介绍

2016年10月8日，河西区陈塘庄街道微山里社区骊山里1号楼居民万奶奶与边奶奶找到居民委员会，反映家中已断水多日，原因系1楼住户将自来水总阀门关闭，经过与1楼住户沟通未果后，两位老人找到居民委员会寻求帮助。

二、分析预估

1楼住户不会无故关闭自来水总阀门，经分析，原因大致为以下两个：一是1楼住户与楼上居民存在矛盾，关闭自来水总阀门系报复；二是可能存在下水管堵塞现象，1楼住户关闭自来水总阀门系自我保护。

三、服务计划

（一）服务目标

1. 让1楼住户打开自来水总阀门，恢复全楼供水。
2. 化解楼内居民矛盾，恢复楼内居民生活融洽氛围。

（二）服务策略

1. 以人为本，人性化服务。

2. 共筑和谐，启发居民和谐意识。

（三）服务程序

1. 安抚两位老人情绪，了解事情起因。
2. 与1楼居民接触，全面了解事情整体过程。
3. 制定问题解决方法。
4. 解决问题。
5. 平复矛盾双方情绪。

四、服务计划实施过程

居民委员会工作人员接到两位老人反映的情况后，随即开展调解工作。两位老人其中一位年老耳背，沟通不畅，另一位老人思维清晰，沟通正常，于是居民委员会工作人员将主要精力放在该老人身上，并安排其他工作人员疏导耳背老人的激动情绪。

经过初步了解，老人表示并不知道1楼住户为何关闭自来水总阀门，只表示在与1楼住户沟通过程中受到了1楼住户的言语顶撞，情绪十分激动。在安抚了两位老人的情绪后，居民委员会工作人员决定立刻去找1楼居民了解情况。

经了解，1楼居民系租房户，该居民经营餐饮，平日将米面及厨房辅料存放在这里。

通过与1楼居民沟通，居民委员会工作人员了解到其关闭自来水总阀门原因为2楼下水管道多次渗漏，导致污水由房顶渗下将储存的货物浸泡，自己在遭受多次损失后无奈之余只得将自来水总阀门关闭。

1楼住户表示关闭自来水总阀门也很无奈，自己也不想与楼内居民发生矛盾，但自己的损失没人补偿，自己也很冤枉。与两位老人发生口角只因两位老人执意认为自己无故关闭自来水总阀门，不由辩解。

居民委员会工作人员提议如果将2楼下水管道进行疏通，能否将自来水总阀门打开。1楼居民认为下水管道不存在堵塞现象，渗水原因为管道破损，如果不能彻底解决管道破损问题，自己就不打开自来水总阀门。

居民委员会工作人员拨通了房管站电话，经过沟通，房管站表示需要到场了解情况，才能确定下水管道是否破损，如果管道破损，可以进行更换。

为了尽早让居民恢复生活用水，在向房管站说明情况后，居民委员会工作人员提议先请管道疏通工人对管道进行查看，双方对此并不反对。

疏通下水管道工人到场后对管道进行了检查与疏通，在居民委员会工作人员的劝解下，1 楼住户暂时打开了自来水总阀门，经过尝试，下水管道已疏通，1 楼住户屋顶也并未出现渗水现象。但 1 楼住户仍存疑虑，楼上居民也希望房管站能将管道换新。再次与房管站联络后，房管站工作人员表示更换管道需要向上级请示，而且需要费用，居民表示可以承担这笔费用。

与 1 楼住户协商后，1 楼居民同意在发生楼顶渗水前暂不将自来水总阀门关闭。1 楼住户与楼上居民也相互表达出歉意。

五、总结评估

该案例中双方发生矛盾的客观因素为老旧小区硬件设施不完善，主观原因为矛盾双方没有换位思考，站在对方的立场全面仔细地分析问题。经过居民委员会工作人员的努力，矛盾最终得到解决。

六、专业反思

居民委员会工作人员在矛盾化解过程中不能带有个人色彩，需要全面认真分析问题，严谨制订方案，并要具备应变能力，活用语言艺术。

（作者单位：河西区陈塘庄街道微山里社区）

邻里之间　以和为贵

刘雅静

一、背景介绍

河西区大营门街道东莱里社区某常住居民向社区居民委员会求助，详细描述其楼下住户私自把下水道堵死，导致他家漏水进而影响日常生活。

二、分析预估

（一）收集基本资料

查看户籍册，了解服务对象及其纠纷对象的常住人口信息。

（二）分析服务对象主观经验

如何看待该问题，问题持续时间，为解决问题所作的努力、使用的方法等。

三、服务计划

（一）服务目标

使问题得到解决，缓和邻里矛盾，促进社会和谐。

（二）服务策略

1. 直接介入。
2. 调解。

（三）服务程序

1. 帮助服务对象对发生的事情采取正确的分析态度与方法，从而有效解决问题。运用外部资源将焦点放在解决问题上，而不是发泄不满，给予其支持帮助，目的在于安抚服务对象的愤怒情绪。

2. 通过将楼上楼下分开调解，从而避免双方正面冲突，提供双方可以接受解决问题的办法，进行可行性调解。

四、服务计划实施过程

居民委员会工作人员来到服务对象家中了解情况，看到客厅到阳台以及墙面都是水渍。据当事人的母亲（年近 80 的老奶奶）说因为楼下近一个月在装修，肯定是装修时不小心把水管弄坏的，而且说楼下住户来过她家，但态度不好，最后弄得不了了之。工作人员首先运用同理心的方法安抚老奶奶情绪，能感受到漏水对日常生活的影响，并劝解其子女千万不要在此事件中起煽风点火的作用，应该劝母亲注意自己的身体。其次劝说老街坊住在一起这么多年，应该互相帮助、互相理解才对。俗话说“远亲不如近邻”，而且楼下住户也上来看过您家了，说明人家有打算给您维修的意愿，只不过大家的沟通方式可能不妥，既然您找到居民委员会寻求帮助，把您的需求和能做的最大让步告诉我们，我们作为第三方去跟楼下进行沟通。通过安抚和劝说，当事人及其子女态度有所缓和，并同意沟通及维修。

工作人员随后来到楼下住户家中了解情况，该当事人情绪也略显激动，说楼上冤枉她家，她家只是新装的橱柜，没有涉及动水管问题，而且之前找了专业人士去楼上查看，发现水管有裂痕才造成的漏水现象。本来也想为楼上维修的，毕竟现在装修师傅还在，维修费用也并不太多。如果楼上一味诬赖是我家的问题，自己申请进行鉴定，看是谁的过错。听完楼下当事人的表述，工作人员首先安抚其情绪，耐心地跟其解释，您家把下水堵死虽然不会漏水，但这也不是长久之计，对日常生活还是会产生一定的影响，毕竟还要过日子。如果申请鉴定，万一鉴定出来是您家的问题岂不最后维修费用需要您出，还得生一肚子闷气，这样就不值当了。我们也跟楼上住户进行了沟通，既然您家同意维修，楼上住户也表明了配合您家的维修，邻居之间需要互相帮助、互相理解，还希望您能配合大家。

在与楼上楼下住户来回沟通之后，商定了维修日期和时间，问题得到解决。

五、总结评估

（一）主动调解

在知道情况后，立即主动来到当事人家中，分别向双方了解情况，分析出矛盾的主要原因。

（二）以和为贵

这起邻里纠纷关键是化解群众心中的怨气。远亲不如近邻，矛盾没发生前，双方关系良好，互有来往。从这点出发，以理说之，以情动之，缓和剑拔弩张的气氛。

六、专业反思

在语言运用方面还有不足。

（作者单位：河西区大营门街道东莱里社区）

协调各方资源　化解居民矛盾

戴　红

一、背景介绍

河西区大营门街道九江路社区是将近40年房龄的老社区，困难人群比例相对偏大，设施老化问题严重，存在不安全因素。群众遇到问题若不能得到有效解决，不仅影响居民正常生活，而且扰乱正常公共秩序，甚至给社会带来不安定因素。社区里的一户居民就是由于二步节能改造后，屋顶长期漏水，找到哪里，哪里推诿，使居民对政府产生强烈不满。

二、分析预估

面对这种现象的发生，首先要了解居民的矛盾诉求，认真做好记录，协调各方资源，帮助寻求解决方案。

三、服务计划

（一）服务目标

解决百姓困难，化解居民矛盾，维护社会稳定。

（二）服务策略

根据居民遇到的各类困难，结合相关政策给予支持，协调各个职能部门，帮助居民解决困难。

（三）服务程序

了解居民矛盾所在，认真做好记录，解释相关政策，留下联系方式，协调职能部门，及时反馈办理结果。

四、服务计划实施过程

首先，对于来到社区反映问题的群众要耐心接待，认真做好相关记录。

其次，根据涉及问题为其讲解各项政策细则。对可以马上解决的，立即解决；对当时不能解决的，做好记录，及时协调相关部门，做好反馈。

最后，与相关责任部门共同为百姓解决问题，化解矛盾。

2015 年度，社区安德里 25 门 506 的胡女士找到居民委员会，称二步节能改造后她家楼顶出现漏水现象，且找到哪里哪里都不管。

社区工作人员首先请她坐下，听她讲述事情经过，认真记录事发全过程。本来二步节能改造是一件利民的好事，但由于施工中存在瑕疵，导致居民家中屋顶长期漏水，给百姓生活带来诸多不便。通过了解得知胡女士的儿子为残疾人，在社区享受低保待遇。

接下来，社区工作人员及时联系房管站进行保修。但房管站告知工作人员二步节能改造工程由专门人员负责，房管站不负责维修。工作人员又找到建委，建委推托说维保期过后应该找房管站维修，两家互相推诿，无法厘清责任。工作人员将情况及时上报街道，在街道分管主任的帮助下，多次与两单位协调，寻求解决方案。

最后，居民委员会与房管站、建委一同到现场查看，分析责任，在了解了胡女士家庭的情况后，最终由建委委托房管部门进行维修，使长期困扰胡女士的问题得到解决。

在解决前，居民不理解社区工作人员，认为他们什么也不管，什么也管不了。当他们看到社区工作人员兢兢业业地工作，用“蚂蚁啃骨头”的精神解决问题时，居民感动了，了解到社区工作人员工作的不容易，体会到社区工作人员真心为民的精神，从心底感激社区工作人员。他们的认可是对社区工作人员工作的最大的肯定，能够得到百姓认可，是社区工作人员最大的成绩。通过社区工作人员的努力，不仅解决了群众的困难，同时化解了矛盾，防止了上访事件发生，维护了一方稳定。

五、总结评估

通过社区工作人员耐心、细致的工作，能够帮助群众解决问题，改善居民生活，是国家政策得以有效实施的具体体现。为了能帮助更多困难家庭解决燃眉之急，需要社区工作者拿出真心为民的工作态度，认真对待每一位群众，平时做到多入户，多了解居民情况，不仅要求社区工作者认真接待来访寻求帮助的群众，还要主动发现群众在日常生活中遇到的各项问题，想居民之所想，急居民之所急。

六、专业反思

为了能够有效化解居民矛盾，促进社会和谐稳定，社区基层工作人员必须提高自身文化素养，不断学习各项法律法规，增强矛盾调处能力，满足居民群众需求。

对于群众遇到的各类诉求，社区工作者应做到第一时间了解情况，避免谣传误传。要求社区工作者以全心全意为人民服务的意识，多为群众着想，多替政府分忧。尽量减少群众上访情况，维护社会公平公正，促进社会和谐稳定。

（作者单位：河西区大营门街道九江路社区）

松江里开展调解工作典型案例

刘淑洁

一、背景介绍

河西区东海街松江里社区N栋205的住户朱师傅，本人视力四级残疾，在一家企业单位打工，因与妻子感情不和离异，女儿上大学，生活困难，现享受低保。N栋305住户刘某，自己开出租车，妻子是外地人，现怀有身孕，在家休养。楼下朱师傅家在装修时砸墙声和电锤声不绝于耳，从早上7点开始一直持续到下午5点；刘某的妻子怀有身孕，楼下装修噪声对他们的正常作息造成了困扰。更让刘某担心的是自己发现厨房和厕所有几块瓷砖松动，一面墙壁上还裂开了一道缝。“难道与楼下装修砸墙有关?”刘某跑到楼下，发现果然是装修工人砸烟道墙造成的。

刘某担心烟道被砸平对房屋结构安全可能造成影响。刘某说，自己曾尝试与邻居进行沟通，但朱师傅承认自己装修砸烟道，但认为楼上房间瓷砖松动的主因，还是因为刘某房屋贴瓷砖的质量太差，并以装修已全部包给装修公司为由，将事情推得一干二净。为此，这几天朱师傅和刘某恶语相向，双方弄得很不愉快。于是找到社区居民委员会求助。

二、分析预估

该个案是典型的邻里纠纷问题，根据服务对象叙述和收集的资料，两家多次发生口角，如不及时解决，恐矛盾激化，发生冲突，造成人员伤害。

（一）当事人缺乏自信

面对大都市天津的新环境，朱师傅感到无助和迷茫，而由于夫妻离异和经济困难，增加了朱师傅的自卑感。

（二）邻里沟通不畅

在生活中邻里产生纠纷往往是人们之间的理解和沟通不够，相互之间缺乏谅解。朱师傅和刘某之间的摩擦，产生矛盾纠纷，双方互不相让，缺乏换位思考。

（三）邻里之间缺乏信任

在社区平时生活中，邻里难免会产生一些矛盾，如果处理不当会影响社区安定。其实邻里纠纷大都是些小事，但就因为双方互不相让，导致矛盾激化。

（四）家庭经济压力

朱师傅表示自己多病，经常看病吃药，女儿在上大学，经济并不富裕，无法满足刘某提出的要求。

三、服务计划

（一）服务目标

调解两家的矛盾，化解两家的纠纷，促进邻里和谐，维护社区平安。

（二）服务策略

上门查看刘某家的情况，然后又查看楼下住户朱师傅的装修情况，发现刘某反映的问题确实存在，说明两家的情况与要求，摆事实，讲道理，解决两家矛盾。

（三）服务程序

1. 接案。

2. 制订个案工作计划。

3. 实施个案工作计划。

4. 完成个案结案与评估，做好回访跟踪工作，从援助实施过程中吸取经验，提炼工作方法，寻找工作规律。

四、服务计划实施过程

了解情况后，松江里调解委员会工作人员与刘某一同赶往现场，上门查看刘某家的情况然后又查看朱师傅的装修情况，发现刘某反映的问题确实存在。工作人员首先找到了装修师傅反映了情况，装修师傅来到楼上查看了现场，表示瓷砖松动是以前的事，与他们装修无关，工作人员又联系了朱师傅，随后得知他们两家平时就有矛盾，常为空调漏水、噪声等小事争得面红耳赤，但就事论事，瓷砖松动这个事儿还得给人补。鉴于双方当事人见面可能会再次发生争执，为了避免邻里矛盾激化，工作人员首先安抚刘某的情绪，让他先回家等待，然后与楼下住户朱师傅进行了沟通，从邻里关系的角度出发，晓之以理、动之以情，首先请朱师傅出具相关部门的安全检测报告，消除邻居对房屋结构安全的担心。同时，装修过程中要考虑邻居的感受，减少噪声对邻居的影响，并把因砸墙造成楼上的瓷砖松动尽量修补好。经过一个多小时的开导，朱师傅的态度终于缓和下来，答应让装修工人把松动的瓷砖重新贴好，产生噪声的施工避开休息时间。工作人员又来到楼上说明了朱师傅的表态，但是刘某并不认可，他说如果修补的话，他不仅要挪动家中的物品，还要耽误上班时间，这些他都没向朱师傅提，所以于情于理，对方都应承担全部损失，厨房和厕所整个重新贴瓷砖。工作人员又来到楼下与朱师傅进行沟通，朱师傅表示自己多病，经常看病吃药，经济并不富裕，无法满足楼上刘某提出的要求，朱师傅表示愿意将松动的瓷砖重新贴好，并补偿刘某500元钱，但是刘某却对此根本不认可，反而要求让朱师傅拿出5000元钱，自己雇人贴瓷砖。

经过几次周折，通过工作人员的耐心开导劝说，双方都作出了让步，最终达成协议，朱师傅一次性付给刘某2000元修补费，刘某自己找装修工人修补，由居民委员会拟定补偿协议，双方当事人签字，事情得到了圆满的解决。朱师傅连声称赞：“看到你为了给我们解决这次矛盾纠纷，在这一天里，上下楼跑了好几次，苦口婆心，真是太谢谢你啦！今后我们有事还要找社区。”看到居民对社区这样信任，作为社区工作人员感到由衷的欣慰。

五、总结评估

调解作为一种方便高效率、经济实用的纠纷处理方式，在处理邻里纠纷中发挥着重要的作用，朱师傅和刘某两家成功调解，让社区居民看到了社区工作者的调解作用，从而对居民委员会更加信任。

六、专业反思

在社区平时生活中，邻里难免会出现一些矛盾和纠纷，如果处理不当或多或少会影响社区安定。其实邻里纠纷大都是些小事，但就因为当事人双方互不相让，导致矛盾激化。在生活中邻里纠纷往往是由于双方的理解和沟通不够，相互之间缺乏谅解礼让，这就需要社区工作者及时介入进行调解，以免矛盾激化造成严重后果。人民调解快捷方便地满足了居民的需要，维护了邻里关系的和谐和稳定，促进了社区的健康与文明，是基层构建和谐社会的重要力量。

（作者单位：河西区东海街道松江里社区）

如何化解社团间的矛盾

张　雪

一、背景介绍

服务对象：杨某，女，65岁，社区合唱一团成员，住本辖区，身体健康，爱好唱歌，积极参加活动。李某，男，67岁，社区合唱团二团负责人，住本辖区，工作认真负责。赵某，女，72岁，社区合唱二团成员，住本辖区，爱好广泛，带领二团成员积极参加社区活动。

居住情况：三个服务对象所活动的地方是河西区东海街儒林园居民委员会。

2016年6月16日，李某找到社区居民委员会，十分焦虑地向文教主任反映，杨某向他多次提出二团活动时间影响一团的活动，要求二团必须更改时间安排，还多次说二团成员赵某的坏话，对赵某进行人身攻击，他向杨某耐心解释多次，但杨某就是不听，有些无理取闹，他实在没有办法，才找到居民委员会，请居民委员会帮助调解。

社区有两个下属合唱团，分别是合唱一团、合唱二团。由于社区活动室有限，就安排两个合唱团在各自固定的时间到社区活动室活动，其余时间两个团的成员在社区小花园唱歌。在小花园唱歌时一团的杨姐和二团的赵姐因为琐事发生口角，随着时间的推移两人不但没有和好，杨姐还想起两年前原来一团活动时间是现在二团的活动时间。杨姐询问一团成员，但无人能明确向杨姐解释一团更改活动时间的原因，于是杨姐多次找到二团负责人李师傅，要求改回以前的活动时间。李师傅觉得活动时间已经定了一年多了，再改过来大家都不适应，就没有同意。杨姐又找到社区要求社区出面调解此事。

二、分析预估

社区合唱团一团15名成员，二团28名成员，成员较多，在社区社团队伍中至关重要，都是社区的骨干力量。一团负责人胡某、二团负责人李某和二团的王某、张某四人在合唱团中威望最高，社区工作人员要想解决矛盾纠纷应该首先找他们四个人了解情况，征求意见。同时社区工作人员也发现，杨某仅是合唱团的成员，并不是负责人，她一直对二团赵某有意见，经常流露出不满情绪，因为琐事发生口角是早晚的事情。而杨某在社团中制造矛盾，影响团结的事情，看上去是小事，但如不及时解决，可能会使合唱团其他成员对居民委员会产生误解，认为社区工作人员不作为，进而影响合唱团的正常活动，不利于社区对社团的管理。

三、服务计划

（一）服务目标

化解两个社团内部个别人员的矛盾，使活动正常化，互帮互助，团结友爱，发挥社团作用。

（二）服务策略

实事求是，了解真相，找出产生矛盾的真实原因，动之以情、晓之以理，不让老实人吃亏，对制造矛盾者进行说服教育。

（三）服务程序

1. 接到社团反映的情况，社会工作人员不应马上根据自己的主观想法下结论，应先与社团内其他人员或有威望的成员进行沟通，了解真实的情况，并征求他们的意见。

2. 把大家的说法和意见作为参考，运用所学的实务知识，把自己平时看到的、听到的，作为依据，判断真伪，分析矛盾的产生原因，制订出切实可行的方案。

3. 耐心沟通，讲明道理，相互谅解。

四、服务计划实施过程

居民委员会首先要了解情况，根据实际情况，找出纠纷的主要原因，采取相应策略，请李某回去听信，并答应尽快给李某答复。但没过多久，杨某也找到居民委员会，要求更改二团活动时间，并让合唱团开除赵某。居民委员会进行耐心劝阻，告诉她了解情况后再给予答复。

经过了解具体详细的事情经过，分析出矛盾的主要原因是：问题出在杨某身上，她以改变活动时间为借口，以此树立自己在社团中的威望，降低对方在社团中的威信。在化解矛盾的过程中，执行了如下程序：

1. 主要问题在杨某，首先肯定杨某能积极参加社团活动，为社团的建设献计献策。

2. 对杨某提出的调换活动时间的要求进行正面回答，指出当时她没有参加社团，而安排社团活动时间是经过全体社团成员同意的，因此，对杨某的要求不予支持。

3. 社团成员对社团的管理安排如果有建议和意见，首先应与本社团负责人沟通，由负责人根据实际情况进行解释，或由社团全体人员进行协商。

4. 最后社区工作人员表示：在同等时间条件下，优先考虑安排杨某所在社团进行活动。

五、总结评估

经过多次与双方沟通，分析产生矛盾原因，最后两个人的矛盾终于化解。这件事情虽然问题出在杨某身上，如果一味批评埋怨，只会激化矛盾，使双方的对立情绪扩大化，对个人和集体都不利，采取以诚相待，以理服人，肯定加教育，让理亏之人无话可说，并知难而退。社团是居民活动的集体，快乐和自愿是社团活动的原则。

六、专业反思

社区工作者应注重整合社区资源和社会资源，加强居民之间的沟通，积极开展多种多样的文化娱乐活动，如举办邻里节，各大节日开展活动，提升楼宇文化，使邻里团结和睦，小事不出楼门，大事不出社区。

（作者单位：河西区东海街道儒林园社区）

二次供水改造中遇到的难题

王　楠

一、背景介绍

河西区挂甲寺街道新城小区是以动迁房为主的老式小区，基础设施陈旧。在2015年政府实事工程中，该小区被纳入旧楼区改造的范围，这次改造政府投入了巨大财力、物力、人力，是改善居民居住环境、提高生活质量的好事、实事。但到最后，水管要穿过自己房间时，为了自身小家的利益，就是不让施工，不予配合，使整个门栋的施工进度被耽搁，使其他住户的利益受到了损害。

二、分析预估

水管改造事关整栋楼居民的切身利益，应该及时解决。

三、服务计划

（一）服务目标

及时解决问题。

（二）服务策略

积极稳妥解决问题。

（三）服务程序

通过协调解决问题。

四、服务计划实施过程

工程改造开始前，居民委员会党支部书记利用一切可以利用的会议，广泛宣传实事工程给广大老百姓带来的好处，是政府重民生的具体表现。还利用板报、广播等形式，广而告之，提高居民的认可度，并了解可能带来生活不便的程度，公布居民投诉地点、时间，欢迎大家监督。

工程改造中，居民委员会党支部书记建立由物业、业主委员会、居民委员会、施工方参加的协调会制度，及时整改居民投诉的问题。要求施工队文明施工，尽可能地减少扰民，取得广大居民的信任。及时贴出通知，告知下一步施工的内容及居民配合的有关事项，尽量让居民知晓工程的进度。

在施工中遇到难题和阻力，告诫施工方人员，不要与居民直接发生冲突，由“三位一体”利用一切手段和力量，去做当事人的思想工作，要耐心、热情、真诚地帮助解决当事人的困难，换位思考，理解当事人的难处。面对一些住户的压力，相信他们会审时度势，作出最后的决定。

在施工结束时，邀请部分“难弄”的居民参加质量验收，让他们有主人翁的感觉，并要求施工队及时处理发现或遗留的问题，使改造工程真正做到实事办实、好事做好。

经居民委员会、业主委员会多次上门沟通，做工作，讲明利害关系及配合施工的道理后，原不同意水管穿过自己房间的住户同意水管从自己家房间穿过，问题得到了圆满的解决。

五、总结评估

1. 加大政府实事工程的宣传力度，提高居民的知晓率、认可率，为正常施工打好基础。

2. 利用党员大会、听证会、协调会的形式，把施工内容进行及时告知，得到广大居民群众积极配合，并协助政府做好宣传解释工作。

六、专业反思

认真地做好个别不配合工程住户的工作，反复多次上门，及时帮助解决他们提出的意见和建议。多沟通，使他们感到实事工程所带来的好处。以便配合施工顺利进行。

（作者单位：河西区挂甲寺街道新城小区）

人民调解案例

杨建丽

一、背景介绍

2016 年 7 月 20 日，天津市普降暴雨，市区内许多地方不同程度受到暴雨影响。河西区挂甲寺街道新城社区也不例外，居民委员会工作人员多次冒雨巡视社区，查看社区内积水情况，暴雨过后，又迅速赶往积水较严重的楼门，查看居民家中受灾情况。

新城小区为 20 世纪 90 年代政府还迁房，房屋质量较差、人口密集，房屋窄小，部分住户已购买产权，但大部分住户由于经济条件或房屋质量等问题，迟迟未购买产权，成为产权单位自行管理、居民自治管理和准物业管理的混合型管理社区。

新城小区某楼门 601 室居民因外出未关窗户（后经了解是由于全家出国旅游），大量雨水由窗户灌进家中，后又从阳台缝隙渗入 501 室张阿姨家，阳台与卧室连接处的墙壁、屋顶，墙面被水浸透，导致墙皮大面积脱落，张阿姨要求 601 室居民给予经济补偿或将房屋墙壁重新刮腻粉刷。同时，此楼门 701 室原住户已将房屋转卖，但新房主一直未入住，因雨势较大，该房屋也有雨水渗入 601 室，导致 601 室屋顶墙皮脱落（601 室居民回来后入户得知）。601 室居民以自己也是受害者为由不接受 501 室张阿姨的诉求。为了节约维权成本，张阿姨来到居民委员会寻求调解。

二、分析预估

针对此事件分析该楼门 501 室房屋屋顶、墙壁等地方渗水和墙皮脱落的现象，根本原因是由于601室居民外出未关窗户，且屋内防水设施未做好所致。而601室屋顶墙皮脱落则是因为701室屋内防水设施未做好所致。因此，解决问题的关键有两点：

1. 做好屋内防水工作，并提醒居民外出应关好窗户。

2. 由于当事人生活水平较低，不论是赔偿还是维修，费用是解决问题的关键部分。

三、服务计划

（一）服务目标

1. 帮助501室居民彻底解决由于房屋渗水造成的困扰。

2. 做601室居民的思想工作，正确认识本次事件的根本原因是由于自己疏忽所致，并帮其寻求做好地面防水的办法并与501室居民协商赔偿事宜。

3. 尽快找到701室新房主，寻求解决方案。

（二）服务策略

1. 法律依据。《中华人民共和国民法通则》第八十三条规定，不动产的相邻各方，应当按照有利生产、方便生活、团结互助、公平合理的精神，正确处理截水、排水、通风、通气、采光等各方面的相邻关系。给邻方造成妨碍或损失的，应当停止侵害，排除妨碍，赔偿损失。

2. 思想疏导。将情、理、法相结合，阐明漏水的严重性，讲解邻里关系的重要性。

（三）服务程序

1. 受理。明确申请事项和事实根据。

2. 调查。充分听取双方当事人的陈述，并根据需要对事实进行必要的调查。

3. 调解。查明事实分清是非，促使当事人互谅互让、达成共识。

4. 解决方案。帮助当事人找出解决问题的方法。

5. 回访当事人。双方满意度评估。

四、服务计划实施过程

居民委员会调解员通过走访邻居，找到701室的新住户，讲明事件原委。通过电话方式联系到601室居民，约定时间，在下班之后入户进行现场查看，了解情况，分析利害后果及不利影响，并依据相关的法律政策作出解释，运用情、理、法相结合的原则，动之以情，明之以理，晓之以法。就问题的解决方式进行协商，劝导当事人正确认识问题，妥善解决纠纷。给双方当事人营造一种谈心聊天的氛围，尽量消除双方唇枪舌剑、剑拔弩张的紧张气氛。经过一个多小时的努力，终于达成一致意见：601室居民同意赔偿501室居民1000元，由其自行修缮房屋。701室新住户也打算重新装修新购房屋，并答应加固室内防水渗漏设施，装修自家房屋的同时，将帮助601室墙体进行修缮工作。601室居民也不再追究楼上居民责任。本次调解凸显了人民调解在化解矛盾纠纷、维护社会稳定、促进社会和谐方面的独特优势和作用。

五、总结评估

化解矛盾，遏制矛盾激化是社区调解机制工作成效的具体体现。在及时掌握矛盾、纠纷信息的基础上，力争做到“早化解”，做到调处矛盾不拖拉、不推诿、有耐心、讲策略、求实效。本案例中当事人在自愿平等的基础上，达成了协议，各方握手言和，达到了预期效果。

六、专业反思

调解工作是化解矛盾的“第一道防线”，也是一门艺术，这就要求调解员政治素质好、业务能力强、群众威信高。因此，社区工作者应加强对调解工作基本理论、法律政策学习，提高调解能力和水平。对社区出现的新情况、新问题、新矛盾，社会工作者也要与时俱进，积极探索社区调解的有效方法，继续为政府办实事、为老百姓办好事。

（作者单位：河西区挂甲寺街道新城社区）

解决社区违章问题案例

于 敏

一、背景介绍

河西区尖山街道水晶城社区地处津南区和河西区交界处。社区综合治理管理负责部门为津南区双港镇综合执法大队，其办公地点距社区开车需半小时以上，无法对社区内私搭乱盖进行有效监管。2016 年 8 月，社区北门外道路上集中出现十几个无主集装箱，违规占道经营，导致社区车辆无法正常进出社区北门，严重影响社区居民出行，多数居民对此怨声载道。

二、分析预估

社区通过走访和调查，认为矛盾的爆发源于无主集装箱违规占道影响居民正常生活，更深层次的原因在于城管部门对小区监管不力，导致出现这类现象。违规占道集装箱突然出现，加上社区出入口的道路狭窄，平时车流量较大，导致社区车辆无法正常进出社区北门，严重影响了社区居民出行。而社区物业及相关管理部门并不了解集装箱所有者是谁，无法与当事人进行有效沟通，及时清除集装箱，导致居民产生不满情绪。因此，如何联系相关部门做好违规集装箱的清理工作，使北门出入口恢复正常通行秩序，得到居民的理解和体谅，成为此次矛盾解决的重点。

三、服务计划

（一）服务目标

通过认真分析此次事件的矛盾焦点，认为社区居民有迫切解决问题的意愿，他们相信居民委员会能够帮助他们联系相关部门解决问题。工作人员以任务中心模式为框架，制定了服务目标。

终极目标：解决问题，恢复社区正常秩序，创建和谐社区。

（二）服务策略

联系津南区双港镇综合执法大队，及时向其反映社区目前发生的问题，敦促其提供一个令居民满意的解决方案，平息此次事件。

（三）服务程序

1. 通过走访，实地调查违章集装箱情况。
2. 联系执法部门，确定解决问题方案。
3. 敦促落实，跟踪集装箱问题解决进度。
4. 注重回访，保证问题彻底解决。

四、服务计划实施过程

（一）联系双港镇综合执法大队

社区工作人员首先拨通双港镇综合执法大队举报电话。刚接到工作人员电话时，综合执法部门并没有受理案件，他们认为水晶城社区属于河西区，社区归建山街道办事处管理，综合执法不应由他们负责，婉言拒绝提供综合治理服务。之后工作人员多次到执法部门办公地点走访求助，但毫无结果。执法部门的消极态度让服务计划实施陷入了困境。

（二）召开多方会议，探讨解决问题方案

在联系津南区双港镇综合执法大队未果的情况下，社会居民委员会、

业主委员会及物业工作人员坐在一起，召开专题会议讨论问题的解决办法。会议决定，各方派出代表一起出面，到津南区信访办反映情况，维护社区居民的合法权益。

（三）到津南区政府信访办反映情况，问题得到圆满解决

多方组织成员及居民代表驱车来到津南区信访办，反映社区北门外江水道上违章集装箱严重影响居民出行问题，希望信访办能够帮助我们督促双港镇综合执法大队为我们提供综合治理服务。在得知我们的来意后，信访部门对情况相当重视，及时帮助我们联系，社区外集装箱最终于 2016 年 9 月 25 日被集中清理，恢复了社区北门出入口的正常通行秩序。

五、总结评估

本次事件主要是因社区北门外违章占道摆放集装箱影响居民正常出行而引发的矛盾。社区工作人员在了解情况之后，积极联系相关职能部门，运用巧妙的调解手段，平息了矛盾，化解了纠纷。

在解决矛盾过程中，工作人员主要运用任务中心模式，最终使相关执法部门采取行动配合社区解决了问题。

另外，社区注重发挥多方组织力量，居民代表的主动参与使矛盾纠纷得到顺利解决，充分体现了群众的自治能力，确保了社区的和谐稳定。

此次事件目标问题已经解决，但要实现和谐社区的终极目标，还有很多的后续工作要做。在以后的工作中，工作人员会对此类问题进行持续跟踪，使阶段性的服务成果得以巩固，还要不断地发现问题，解决新问题，为民办实事。

六、专业反思

在此次事件平息之后，工作人员为自己工作取得成绩感到骄傲的同时，也深深地体会到群众利益无小事，凡是涉及群众切身利益和实际困难的事情，再小也要竭尽全力去解决。作为社区工作人员，一定要主动走进群众中，多倾听群众的声音，及时发现问题、解决问题，将矛盾消除在萌

芽状态。

在服务的过程中，反映居民诉求、督促相关职能部门服务是社区工作人员的职责。在本案中，面对北门外无主集装箱占道摆放影响交通的问题，工作人员用耐心和不懈的努力联系相关部门，最终使问题得以化解。

“工欲善其事，必先利其器。”工作人员深感自己肩上的责任重大，必须在日常的工作中不断地学习，加强自身修养，不断地总结工作经验，真正把为民办实事落到实处，为和谐社区建设贡献力量。

（作者单位：河西区尖山街道水晶城社区）

社区参与应急事件管理工作

黄秋华

一、背景

河西区马场街道先进里社区是个以准物业为管理的老旧小区，21～27门是1957年建造的四层小砖房。由于建造年代较早，每到夏季墙壁非常湿潮。2016年7月7日凌晨1时58分，社区居民委员会主任接到23门居民来电，说26门二楼楼道内有火光，并伴有“嘭嘭”声，并已拨打了火警119，但消防车还没有赶到。居民委员会主任立刻赶到火灾现场，消防车也已经到达。经向消防人员了解情况得知，初步判断是楼道内电线引起的火灾并及时向街道领导进行了汇报。401室女主人在逃生中摔伤，其母烫伤；403室女主人因受惊吓，心脏病发作送医院治疗。

二、案例分析

服务对象面临的问题在于：（1）26门共有13户居民，由于失火造成整栋楼居民家中停电，电话线、宽带线、暖气管、楼梯扶手烧坏，三楼、四楼住户防盗门不同程度损坏，给居民正常生活造成影响。（2）此次火灾造成401室住户家中一人腰椎骨折，一人烧伤，需住院治疗；403室住户经医院治疗已回家休养。

现有资源：（1）经社区工作者对26门居民入户了解情况后发现除401室住户（租房户）外，12户居民都采取有效的避险方式，这同社区经常开展的宣传活动是分不开的。（2）对于目前住院人员，社区工作者带着慰问品到医院了解情况并进行慰问。并积极联系电力局、电话局、供热站、房管站等部门进行维修，将不安全因素降到最低。

三、理论运用

作为社区工作者，处理社区火灾是自己的职责所在。随着社区工作者不断成熟，领域发展的不断完善，应主动介入灾难事故处理，提供更为人性化、专业化的服务，有利于把灾难的影响降低，也有利于社区工作者专业的积累与发展。

四、服务计划

大目标：通过帮助服务对象使其尽快恢复正常生活。

1. 对26门13家住户进行慰问，安抚受灾居民。

2. 社区工作者通过了解服务对象的情况，得知除401室住户外，其他住户家中只有防盗门有不同程度坏损。

3. 针对此次火灾给居民造成的影响，及时与房管站、电力局等部门联系，及时更换电表、电线，将灾后影响降低。

五、实施服务计划

1. 购买13份鸡蛋牛奶到居民家中，并到医院对受伤居民进行慰问。居民对居民委员会及街道办事处表示感谢。

2. 社区工作者先协助消防部门取证，再联系准物业，将楼道打扫干净。

3. 社区工作者联系电力局将烧毁的电表、电线进行更换，到7日19点楼内住户恢复用电。使受灾居民恢复正常生活。

4. 联系电信、联通公司对电话线、网线进行恢复。

5. 联系房管站，对楼梯扶手进行修复，粉刷墙壁，更换破损窗户。

6. 消防责任认定后，居民委员会联系了王莹律师事务所的王巍律师，对有需要的居民提供了法律咨询。

六、案例评估

1. 在发现火情后 10 分钟，居民委员会主任就赶到现场，并第一时间向街道领导进行汇报，街道值班人员、派出所指导员也及时赶到现场，帮助疏导围观群众，以免发生次生灾害。并向消防人员介绍楼内居住人员情况，为受灾群众获救提供了有力保障。

2. 社区工作者通过入户走访慰问，了解居民受灾后思想状态、经济损失，以及生活需求，为灾后救助提供了第一手资料。居民对社区居民委员会的认可度得到了进一步提升。

3. 社区工作者在与服务对象进行沟通后惊喜地发现，社区、学校举办的应急避险知识在本次火灾中得到了应用，把居民受灾情况降到最低。

七、专业反思

由于马场街道针对各个时期有可能发生的突发公共事件，以各主管职能部门为主，组织了有关领导、干部和应急专业人员开展了相应的应急教育培训工作和预案演练，同时按照这些应急预案的要求，积极做好有关人员、物资准备工作，为这些应急预案在一旦发生相关突发公共事件时得到迅速启动实施做好充分准备。这一系列突发公共事件应急预案的制定和落实，构成了先进里社区应急管理预案体系，为社区处置火灾事件做到统一领导、统一指挥，依法、及时、有序、有效地开展提供了保障。

在应急管理科普宣教工作方面，社区采取多种形式，组织人员利用资料、板报、标语等深入辖区宣传应急体系建设规划和政策措施，宣传应急预案和应急知识，营造良好的社会舆论氛围。同时，注重提高公众应急综合素质，按照灾前、灾中、灾后的不同情况，分类宣传普及应急知识，使公众了解和掌握在遭遇突发公共事件时进行自救、互救及配合政府救援的正确方法，增强公众的忧患意识、法制意识。

通过本次火灾也让社区工作人员看到了，对流动人口的教育宣传工作还存在缺陷。由于外来人口的流动性强，参加社区活动不积极，工作人员将对流动人口采取有针对性的教育宣传方法，例如采取致新城市居民的一封信等方式，使流动人口早日融入社区。

社区参与应对突发公共事件的相对优势明显，其作用机理表现为事件发生时的快速响应以防止事态的发展和演变，事件发展时限制其规模和危害程度，事件演变时协助政府部门控制事态以防止次生灾害的产生，事件结束后的善后处理和社区重建。突发公共事件的增多，对我国政府处置公共应急事件的能力面临严峻的挑战。面对复杂的突发公共问题，应急管理的主体由原来的以政府为唯一主体逐渐呈现出多元化的新趋势，社区、非营利组织、国际组织等承担了部分管理功能。突发公共事件涉及城镇及广大农村地区，重视城乡社区及基层社会组织有序参与公共应急管理、构建城乡结合的、以社区为基础的危机管理体系将是我国现代应急管理体系建设的重要环节。

（作者单位：河西区马场街道先进里社区）

社区居民与社区企业矛盾化解

杜 阳

一、背景介绍

河西区梅江街芳水园社区内16号楼和7号楼之间有一处会馆，整体业主为华夏建筑集团，会馆长期对外出租，租客经常换人，内部现有幼儿园、舞蹈工作室、火疗居等。会馆只有2层，楼顶有一库房现在正在装修。由于会馆距离7号楼只有4米的距离，且小区居民楼多为落地窗，双方都能看到对方的活动，私密性极差。会馆和居民之间屡有矛盾产生。

二、分析预估

双方的矛盾主要集中在噪声、隐私、安全、会馆用途这几方面。双方的利益点既有交叉也有分歧，只有找准双方共同的利益点，满足双方的利益诉求，双方放弃不合理的要求，才能达到和平共处的目的。

三、服务计划

(一) 服务目标

保障社区居民和社区企业双方共同的利益，协调使双方放弃不合理的要求，解决双方的矛盾，使双方和谐共处。

（二）服务策略

站在双方各自的立场上，了解双方的利益诉求，找到共同点。

（三）服务程序

首先联系社区企业，然后组织 7 号楼和 16 号楼的居民召开居民大会。了解双方诉求，召开商议会共同商议解决方案。

四、服务计划实施过程

（一）了解会馆企业诉求

7 月 9 日联系了会馆企业，包括幼儿园、跆拳道馆、舞蹈中心等。会馆企业共提出三点要求：第一，周围居民对会馆没有管理权，会馆要求独自管理，附近居民不参与整体的管理和事务；第二，要求提供车位和门禁卡，方便员工和顾客出入；第三，要求提供活动场地，方便幼儿园的孩子活动。

（二）了解居民诉求

7 月 10 日组织了 16 号楼的居民召开居民大会，居民提出了两点要求：第一，企业应保持安静，不能影响居民休息；第二，企业要严格控制来往人员，保障小区的安全。由于 16 号楼离会馆较远，所以没有太多居民提出异议。

7 月 11 日组织了 7 号楼的居民召开居民大会，由于 7 号楼距离会馆只有 4 米，所以问题较多，主要集中在以下几个方面：一是 7 号楼侧的会馆窗户应贴上防光膜，窗户改成全部上开。二楼要注意防火安全，火疗馆等存在安全隐患，应配备灭火器。二是要求说明楼顶用途，楼顶上的储藏室很容易观察到 7 号楼里的状况，所以要求必须苫盖。三是要求企业全体人员不能向整个的后巷查看。

（三）实地考察解决争端

经过居民委员会实地考察后，与物业及双方代表进行了协商。就几个问题达成一致：一是为全楼配备消防设施及手动灭火器，整体要求达到消防标准。二是在7号楼和会馆之间种植高大灌木作为双方的屏障，减少互相干扰。三是由会馆作出承诺：对于楼顶的使用，只作为办公用房不做其他用途。四是孩子可以在园内活动但不能在草坪上搭建设施设备。五是由物业负责安全保卫工作，发放出门许可证和入门许可证。到此双方基本达成一致，并承诺按照讨论的执行，后续如有问题，将再次进行讨论和解决。

五、总结评估

一系列的工作得到了广大业主的支持，并取得了业主委员会的支持。在深入了解的基础上，在公开的前提下，总结各方的意见和建议，找出最优的方案和解决办法，并将整体的过程透明化，给出公平的解决办法。

六、专业反思

解决业主和社区企业的矛盾这个过程是一个循环往复的过程，每一个步骤都包含对工作过程的不断评估与总结，作为社区工作者要善于发现问题的根源，探讨解决问题的实质，从而对整个过程有一个动态的了解，以便不断调整工作和解决问题的策略，以维护广大居民的最大利益。

调解邻里纠纷　促进邻里和谐相处

王　颖

一、背景介绍

2016 年 8 月，河西区梅江街天浦园社区居民委员会接到天澜园 × 号楼 1 楼王阿姨来电，反映住在其楼上 5 楼的居民赵先生家空调管滴水，落到她家窗户玻璃上，影响其正常生活，王阿姨曾多次找过小区物业服务公司希望协助解决，并与 5 楼居民经过多次沟通、协商并未得到彻底解决，且发生了口角，反映问题时情绪较激动。

二、分析预估

服务对象面临的难题，在城市居民小区内是最常见的，但不是每家每户都能遇到。此时服务对象与 5 楼邻居已接触过，但双方发生口角，邻里矛盾已经激化。社会工作者若能够积极且有效地给予化解，不仅能解决此问题，还能使邻里间更加和睦。

三、服务计划

（一）服务目标

帮助服务对象与邻居化解矛盾，尽力协调解决空调管滴水对其生活造成的困扰。

（二）服务策略

发挥社会工作者平日里为民服务积累的“好人缘”，说服两家人能够先冷静下来，在调解过程中，不仅要晓之以理、动之以情地循循善诱，还要尽力协调其他资源，解决空调管滴水事宜。

（三）服务程序

1. 社会工作者劝说服务对象稳定情绪，并及时到现场了解情况。

2. 社会工作者劝说5楼赵先生稳定情绪，了解其对于解决问题可以做出的事项。

3. 调解服务对象与邻居赵先生之间的矛盾。

4. 社会工作者帮助协调其他方面，寻求解决空调管滴水问题。

四、服务计划实施过程

社区工作人员接到反映后，于第一时间来到服务对象家中了解情况，由于之前服务对象自行与5楼赵先生沟通过，但双方沟通不愉快，服务对象情绪激动，坚称：“我已经和5楼说过好几次了，5楼的就是不管这件事，我们昨天还吵起来了。瞧瞧这水滴的，都流我们家玻璃上了，也不是一天两天了。”工作人员赶忙劝慰道：“您家的情况我们都基本了解了，您先别着急，我们去5楼的居民家中了解一下他家的情况，一定尽力帮您协调此事。”经过一番安抚后服务对象的情绪稍稍稳定了一些。

工作人员随后来到5楼的赵先生家了解情况，赵先生一看到居民委员会工作人员，立即向工作人员倒起了苦水：“这事1楼刚跟我说时，我就第一时间向物业反馈了，可物业公司说这不在他们责任范围内，解决不了。这不是今天说，明天就能解决的事。可王阿姨隔三岔五地就来找我一趟，我跟她解释过，但她还是看到我就问我，语气也不客气，这不昨天吵起来了。”听到这儿，工作人员顺势说道：“原来是这么回事，您也消消气儿，阿姨年龄大了，说话不妥的地方，请您见谅，别为了这事伤了邻里的和气。我们也联系下物业，看看有没有其他解决办法。”

随后，工作人员联系了物业公司，并向其表示虽然此事不属于物业职责范围内的事儿，但也希望物业公司从维护小区和谐稳定的角度出发，能够协助寻求解决问题的方法。经过工作人员的沟通，物业公司帮助联系了专业的维修空调管的公司。工作人员经与维修人员联系得知，这个问题可以维修，但维修费用需由居民个人承担。

工作人员再次来到5楼找到赵先生，就此事进一步沟通，晓之以理、动之以情，最后赵先生表示愿意配合居民委员会的工作，同意出资维修空调管。至此，空调管漏水的问题得到了彻底的解决，王阿姨和赵先生之间的矛盾也得到彻底的解决。

五、总结评估

1. 服务对象及家人在社会工作者的帮助下及时化解了难题。
2. 社会工作者没有偏听偏信，紧接着到5楼居民家中了解情况。
3. 社会工作者努力寻求其他资源，解决服务对象所遇到的困难。
4. 社会工作者及时稳定住两家人的情绪，最终使两家人言归于好。

六、专业反思

社会工作者应该注重链接社区资源和社会资源，因地制宜开展旨在增强邻里沟通的文娱活动，促使邻里更加和睦，遇事大家商量着办，才能做到小事不出楼门，大事不出社区。

社区工作者工作案例

戴 蓓

一、背景介绍

冯大爷，男，82岁，是河西区桃园街泰达园社区空巢老人，老两口自1998年小区建成后一直居住在小区。冯大爷所在的楼栋后面有一块公用绿地，自冯大爷入住后就与物业公司签订了一份认养绿地的协议，1998—2014年在该绿地种植花草树木，直到2015年，1楼的居民由公司变为日常居住，觉得该绿地有人随意出入影响自己的生活，在绿地入口处加锁，冯大爷无法自由出入管理花草树木，致使绿地荒芜，冯大爷与1楼居民矛盾激化。

二、分析预估

该阶段社区工作者主要任务是接触、了解服务对象、初步评估服务对象的问题、建立专业关系、决定是否提供服务。这一阶段应尽可能全面清晰地认识和了解服务对象的问题和需要，对服务对象表现出的问题作出相应解释。

在本案例中，社区工作者了解冯大爷的情况后，迅速与冯大爷接触。一方面尽量安抚冯大爷的情绪，避免其高血压、心脏病复发；另一方面，马上和物业负责人取得联系了解情况，为后边进一步开展工作打下基础。

在冯大爷案例的分析预估阶段社区工作者使用了以下几种工作技巧。

1. 资料准备。社区工作者在正式接触冯大爷之前，初步分析了解冯大爷的家庭情况，针对他的情绪做好相应的预防工作，并通过走访冯大爷的邻居侧面了解冯大爷的想法。

2. 拟定谈话提纲。根据资料准备阶段收集到的资料拟定会谈提纲如下：首先，由社区工作者作自我介绍，让服务对象了解提供的服务并简要说明社区的功能服务、相关政策和工作过程。其次，征求服务对象对谈话安排的意见，了解其对社区和社区工作者的期望。最后，询问服务对象是否有需要紧急处理的事情，以便及时提供协助。

3. 正式谈话。此阶段是社工收集服务对象信息的又一个重要环节，介绍、沟通和倾听是该阶段最有效的三个技巧。主动自我介绍是社会工作者走近服务对象的一个好办法，通过介绍可以使服务对象消除疑虑和戒心，使其更加易于接受服务，使其顺利进入受助者角色。倾听和沟通除了了解服务对象的情况外还具有一定的治疗性，本案中社会工作者在谈话中为冯大爷提供了专业上的扶助支持，缓解了冯大爷的情绪，协助其建立对自己和解决自己问题的正确看法，促使其采取有效行动以解决问题。

4. 收集和预估。在会谈结束后及时将会谈的结果整理归纳、分析，正确预估服务对象的问题，确定问题的先后次序，与服务对象达成共识是此阶段的任务。

5. 建立专业关系。通过前几个阶段的倾听、了解和沟通，明确了冯大爷需要解决的问题，其老伴也初步认可了与社会工作者建立的服务关系，并就未来服务的内容达成了共识。

三、服务计划

服务计划阶段是社工开展服务的核心阶段，首先基于对服务对象问题的理解，通过预估阶段的探索制订有针对性的计划，然后根据计划正式介入开展实质性工作，解决服务对象的各种问题

本案中根据前一阶段的预估为冯大爷制订了如下帮扶计划。

1. 工作目的和目标，解决冯大爷目前的邻里纠纷问题和绿地未来的管理问题。

2. 解决问题：针对冯大爷的情况，依据从物业公司、邻居了解到的情况，社会工作者协同物业、社区法律顾问共同调解此事，给冯大爷逐步分析事情缘由，该绿地属于公用绿地，之前与物业签订的协议并不是终身制

的，绿地还是由物业统一管理最正规，让冯大爷了解绿地的归属权，缓解其激动的情绪。

3. 吸引冯大爷参与社区其他活动，为其提供融入社区的机会，分散绿地事件对冯大爷的影响。

四、服务计划实施过程

在签订正式的服务协议之后，帮扶计划进入执行阶段也就是社会工作的正式介入阶段，在这一阶段要注意以下几点。

1. 始终坚持以人为本，服务对象自决的原则，一切介入行动都要从服务对象的需要和利益出发，都要有服务对象的参与。例如本案中，社会工作者了解情况后多次与冯大爷面谈，疏导其负面情绪，效果不佳，而后建议冯大爷与律师面谈，听听律师专业的法律意见，在征得冯大爷本人同意的情况下，社会工作者召集了物业公司负责人、律师一起进行会谈。物业公司负责人介绍该绿地情况：该绿地地处偏僻，不便于物业统一浇灌管理，冯大爷喜好花草树木，为了不让该绿地荒芜，物业最早是与冯大爷签订过绿地认养书，但该认养并不是终身制，且早已失效。律师从法律角度来讲，该绿地是社区公共绿地，属于全体业主，虽早期物业公司与冯大爷签订过认养绿地协议书，但现已失效，而1楼居民也不应在此私自加锁，物业公司应告知1楼业主拆除自行安装的锁具，该绿地归由物业统一规划管理。

2. 实际行动中要考虑服务对象的实际情况和自身特点，本案中服务对象冯大爷是成年人，有生活自理能力，与老伴生活在一起，两人均年事已高，那么社会工作者的介入行动就要考虑到年龄这一实际情况。为避免其与邻居争吵发生意外，社会工作者采用多种手段关注冯大爷的日常生活，发现问题苗头时能及时沟通，快速反应，避免危险的发生。

五、总结评估

评估结案是社会工作的尾声，是对每一个案例工作的总结，也是社区工作者圆满完成工作正式退出服务对象生活的最终环节。

评估的目的是考察社区工作介入的效果、服务对象进步情况及介入目标的实现程度，也是为未来总结工作经验，改善工作技巧，提升服务水平，积累研究素材。

结案是指当社区工作的协助已经成功达到了预定目标，或服务对象认为已经达到足够的改变而要求终止工作或社区工作者由于某种原因不能继续服务时，社区工作者的协助告一段落。本案在结案阶段要注意以下几点：

1. 总结工作。将评估的结果与服务对象分享，做好结案记录和结案报告。

2. 巩固已有改变。强化服务对象已有的改变，社区工作者要尽力协助服务对象探索和巩固已有的成绩，要予以保护和鼓励，支持其实现自我价值。

3. 跟进服务。结合本案例，经过社会工作者几次耐心的分析和解释，冯大爷明白了该绿地的归属性，最终同意放弃该绿地，一楼居民通过沟通也将自行安装的锁具进行了拆除，该绿地由物业公司统一管理。但社区工作远未结束，社区工作者要定期了解其情况，以提供必要帮助。

4. 认真处理服务对象的结案情绪反应。结案是一个转折，意味着服务对象将摆脱社区工作者的扶助，独立起来，对其正面反应要给予肯定并适时进行强化，以增强服务对象面对未来的信心。

六、专业反思

社区工作是个以实做取胜的学科，社会工作者应更积极地去处理社区问题。因为只有在解决他人问题之前，先知晓问题出现的来由以及背后存在的社会结构，才能够真切地了解到服务对象的需求。

（作者单位：河西区桃园街道泰达园社区）

社会工作案例

刘　颖

一、背景介绍

服务对象王某，是退休家庭主妇，是河西区桃园街道社区居民。她于2016年3月来到居民委员会，当时情绪很低落，向社区工作人员求助，经过谈话沟通大致了解到她的家庭情况。王某一家与父亲一直居住在5门311号，父亲生病卧床多年，一直由王某一人照顾，她还有一兄一姐，但均未尽到赡养义务。王某父亲去世前便把房子过户给王某，王某的姐夫得知这一情况后表示不同意，上门找到王某提出条件，让王某给10万块钱。这让王某的姐姐左右为难，一边是一母同胞的小妹，一边是相伴多年的丈夫，姐姐也找到王某希望王某看在多年亲情的份儿上，给姐夫点儿钱，不要让自己为难。王某很苦恼，她也是囊中羞涩，没有钱给姐夫，所以找到居民委员会希望进行调解。

二、服务对象需求分析、介入目标及理论支撑

（一）需求分析及理论支撑

中心任务介入模式首先强调的是按照本身的能动性，其次是有限的目标，它所确立的目标应该是具体的、外在的、有限的，它的目标是服务对象的问题，而非服务对象的个人成长。选择这种模式就是希望在有限的服务时间内，达到服务对象自己选择的、明确的及有限的目标，从而提高个案工作的效果和效率。与其他模式相比，它提供的是一个实施过程的

框架，而对于具体介入方法的选择则没有具体的规定，而是博采众长的方法。

此案中服务对象的问题需要马上解决，且重点在于问题不是个人的成长。所以选择此种介入模式较为妥当。

同时艾利斯的 ABC 理论认为人的很多不适当的行为和情绪来自个人不理性的理念，人在很多情况下是非理性的，它使人逃避现实，自怨自艾，不敢面对现实的挑战，当人们长期坚持某些不合理信念时，它会导致不良的情绪体验。而当人们接受更加理性的信念时，其焦虑和不良情绪就会得到缓解，所以改变行为须从改变理念开始。

社会工作者发现服务对象在处理姐夫要钱的问题时，一直采取逃避的方式，不愿意直接面对现实正面沟通。因此，社会工作者在与服务对象面谈时，是从“理性”的角度，以“家庭”为主线帮助其梳理出事件脉络，共同诊断出问题的症结，寻求解决方案。

服务对象主要需求归结如下：

1. 希望不要把这件事闹上法庭。
2. 强烈地倾诉欲望，希望有人在其无助时能听自己说话。
3. 希望姐姐能劝说丈夫少要点钱。

（二）介入目标

1. 舒缓服务对象心理压抑，减轻压力。
2. 协助服务对象厘清她目前遇到的问题，共同寻找解决方案。
3. 对于服务对象房屋情况定时跟进，必要时寻求有关部门的协助。
4. 鼓励服务对象与姐姐、姐夫沟通，在家庭内部解决问题。

三、服务记录

此个案共有四次面谈。

（一）第一次面谈

1. 服务对象情况。首先，服务对象精神状态较不稳定，但表达清晰有条理，无明显的情绪困扰，但有较强的倾诉欲望。其次，服务对象姐夫三番两次上门找她要钱，她很苦恼也很害怕。最后，服务对象姐姐也多次找她谈论房子问题，她很为难。

2. 工作人员处理。一是运用倾诉的技巧让服务对象尽情倾诉，减轻其心理压抑程度；二是告知服务对象尽可能和姐夫沟通，但也要学会保护自己，必要时联系居民委员会，甚至报警；三是在谈及服务对象与其姐姐感情时，社会工作者表现出情感支持，并适当讲解自己与家人沟通的经历，拉近服务对象与社会工作者的情感距离。

（二）第二次面谈

1. 服务对象情况。首先，服务对象与其姐姐之间的家庭矛盾要得到解决，服务对象的问题焦点在怎么处理与姐夫的金钱问题；其次，要从根本上解决服务对象与姐夫的问题，需要姐姐的积极配合，所以说服姐姐是解决问题的关键；最后，由于姐夫三番两次上门纠缠，服务对象将房子的门锁换掉，如果姐夫上门纠缠则报警。

2. 人员处理。一是提醒服务对象要让姐姐回家多和姐夫沟通，多谈谈小妹生活的难处，平息姐夫怒火，希望能让姐夫同意双方心平气和地坐下来沟通。二是社会工作者建议服务对象换掉房锁之前应先告知姐姐一声，以免让刚刚建立起来的姐妹感情遭到破坏，还要表现低姿态，积极主动地与姐夫沟通。

（三）第三次面谈

1. 服务对象情况。服务对象来到居民委员会，向社会工作者倾诉了最近她家事情的进展情况。姐姐回到家已经跟姐夫进行沟通，原来她们的母亲过世早，服务对象从小是姐姐和姐夫带大的，可是父亲的房产一点都没分给姐姐一家，姐夫觉得心理不平衡，这才有了此事件的发生。服务对象也知道这个情况，决定登门向姐夫赔礼，进行补偿。

2. 工作人员处理。社会工作者鼓励服务对象多点耐心与姐夫进行沟通，并讨论了沟通具体方式；必要时社会工作者可以做协调工作。

（四）第四次面谈及结案

1. 服务对象情况。服务对象已经去过姐夫家，与姐夫坐下来心平气和地把这件事说开了，互相理解对方。目前，服务对象家中还有一个20多岁的儿子马上要结婚，她现在一下子实在拿不出这么多钱，然后商谈给姐夫5万块钱，姐夫表示同意 。

2. 工作人员处理。一是服务对象与姐夫的房屋财产问题已经基本解决，社会工作者认为可以结案，服务对象同意；二是服务对象同意有自己解决不了的困难时会给社会工作者打电话。

四、工作技巧及经验分享

首先，在服务对象的倾诉满足方面，社会工作者主要采用聆听的方式让服务对象尽情地进行情感宣泄，同时运用一些细微的动作表现了社会工作者对服务对象的真诚、尊重和无条件接纳。如，在她求助时，社会工作者给她倒了杯水；在听服务对象述说时，身体稍微前倾，保持一定频率的目光接触，在她抽泣后递上纸巾。一般来说，很多人在朋友或亲人哭泣时会马上给纸巾表示安慰，但这一做法社会工作者认为对于一个需要情感抒发的服务对象来说，情绪的宣泄应该是首位的，所以社会工作者选择在其停止抽泣后才递上纸巾。除了面谈之外，社会工作者还采用了电话跟进的方式，一周至少通话一次。一方面了解情况，另一方面表达社会工作者对服务对象的关心和支持。

其次，在帮着服务对象处理姐夫金钱的事情方面，社会工作者运用了理性情绪疗法。在处理服务对象姐姐一家家庭关系方面，社会工作者一直试图说服她要与姐姐家一家进行沟通。社会工作者灵活运用了SWORT分析方法，即态势分析法，帮助其分析境况，包括她解决现实问题的有利条件是什么，困难是什么，解决的机会和面临失败的威胁，充分尊重服务对象自决的原则。

五、反思

（一）倾听与倾诉

第一次面谈时，社会工作者运用倾听的方式满足了服务对象倾诉的欲望，让其得到了较充分的情感宣泄。但对于引导服务对象表达自己求助需求时显得不足，虽然服务对象得到了倾诉的满足，但她牵扯到太多与解决此案无关的内容，导致社会工作者在面谈时用过多的精力去讨论无关紧要的内容，如父亲得病的经过、服务对象家庭琐事等。

（二）转变与信任

从客观方面来说，缺乏独立的个案工作室让社会工作者与服务对象的交谈受到一定程度影响，同时，由于社会工作者的办公点是在社区居委会，这让服务对象感觉社会工作者就是居民委员会的工作人员，难免在第一次面谈时难以转变与一般工作人员的谈话方式。到了第二次面谈时，社会工作者再次重申并解释了社会工作者的身份和工作职责，得到她进一步的信任。

（三）跟进与关注

在跟进的方式上，社会工作者采取不定期面谈、定期电话跟进的方式来适应服务对象的生活节奏，同时社会工作者通过主动电话联系，让服务对象感受到自己的境况是有人关注的，自己不是一个人在面对所有的问题。在结案后，服务对象也曾为此表示感谢，说社会工作者的关注给了她很大的支持和鼓励，让她有勇气去思考自己的处境，面对自己的问题。

（作者单位：河西区桃园街道）

调解工作的典型案例

任　媛

一、背景介绍

河西区桃园街广顺园社区4号楼7门、8门由于1楼底商SLM不同意更换自来水管，造成两年自来水管未更换成功，3～11层的业主无法喝到干净的水，居民们很苦恼。2015年冬季非常寒冷，由于水管老化，造成了自来水管爆裂，业主们与SLM底商沟通无果后找到居民委员会寻求帮助。

二、分析预估

（一）收集基本资料

深入居民家中，了解情况。

（二）征求意见

了解业主需要与问题所在，收集业主是否同意更换自来水管，不同意的原因。

（三）环境资料

业主SLM是家庭成员中的女儿，家庭经济状况良好，平时住在外地，其父母在本辖区居住。社会工作者请专业施工人员到施工现场进行勘查，是否符合更换条件。

三、服务计划

（一）服务目标

协助服务对象与 SLM 进行沟通，使其理解其他居民的处境，达到顺利完成自来水管道更换的目的。

（二）服务策略

1. 工作者必须与当事人建立协同合作的关系，服务对象需要认同工作中的目标，并积极配合完成整个过程。

2. 明确服务对象的问题，此类问题容易造成群体性事件，造成不良影响。

3. 找出导致服务对象问题的原因，制订和思考问题的解决方案。

（三）服务程序

1. 了解住户情况和底商 SLM 情况。
2. 与 SLM 沟通了解其不同意的原因。
3. 与 SLM 家属沟通。
4. 收取其他业主押金。
5. 联系自来水公司进行施工。
6. 退还押金。

四、服务计划实施过程

业主找到社区居民委员会后，社会工作者积极入户了解两个楼门的 34 户家庭的用水情况并与他们沟通，询问他们是否同意更换自来水管道。34 户业主均同意更换。通过沟通与询问，社会工作者发现问题根源出现在 1 楼底商的 SLM 不同意更换。

2016 年 4 月 1 日，社会工作者与 SLM 第一次沟通。因 SLM 常年不营业并且业主本人生活在外地，社会工作者只能通过电话联系到业主，业主态度非常强硬，没说几句就挂掉了电话。

4月3日，社会工作者再次联系到业主，业主还是不愿意更换，社会工作者与其沟通，向她说明自来水管道已经爆裂，严重影响到楼上业主的正常生活，希望她理解，但她态度还是非常坚决根本不同意更换。

通过多方了解，发现SLM的父母常年在天津居住，帮助SLM看店。4月6日社会工作者就与其父亲联系，告知他水管爆裂的后果，如果长期停水容易造成群体性事件。社会工作者得到了他的理解。希望他劝导SLM，他答应帮助我们沟通。

4月8日社会工作者再次与SLM的父亲沟通，他告诉了社会工作者女儿不愿更换的原因。底商的房顶是纳米材质的，价格非常昂贵，他们装修花费了几十万元的装修费，如果破坏了房顶是需要赔偿的。社会工作者与他沟通，先请自来水公司的工作人员来勘查现场，他表示同意。

社会工作者立刻联系自来水公司的经理，与其说明情况，请他们尽快派来工作人员进行勘查。

4月9日自来水公司工作人员到达现场进行勘查，社会工作者提出是否可以利用局部打孔，周围搭设支撑脚手架增加房顶的承重的方式，减少底商的损失。自来水公司的工作人员表示这种方式可行。底商业主提出如果把房顶弄坏需要赔偿12万元。通过计算若要赔偿12万元，每户需承担3500元。社会工作者又与两个楼门的34户居民沟通，先将每户的3500元存入银行暂由社区保管，若出现问题花费多少进行扣除，若未出现问题则原封不动退还给每一户。经过一天的时间社会工作者分为两组做通了34户居民的工作，并于4月12日前将每户的3500元共计11.9万元的费用收齐存入银行。

4月13日自来水公司工作人员顺利地更换了两个楼门的自来水管，每户花费115元（用于搭建支撑架），终于解决了两年没有更换的自来水管道。4月16日4号楼7门、8门的居民为居民委员会送来了锦旗，表示感谢。

五、总结评估

此次调解中社会工作者反复了解情况，反复与服务对象进行沟通。充分利用了服务对象家庭成员在家庭中的作用，家庭成员间互相沟通，解决问题。

此次问题顺利解决，达到服务目标。

六、专业反思

通过对整个案件的总结和反思，在此案件中，没有充分利用到社区志愿者、党员在社区中的作用，助人自助的原则没有得到体现，只是单纯地利用了家庭成员在家庭中的作用。

（作者单位：河西区桃园街道广顺园社区）

顺应民意　清拆地锁

曹瑞先

一、背景介绍

河西区天塔街宾水南里社区是老旧社区，自 2014 年升级改造后，引进了长兴物业，实行准物业管理，整体环境有了很大的改善。随着人民生活水平的提高，私家车迅速增多，车位变得异常紧张。从 2015 年 5 月开始，有的车主为了一己私利，在自家楼下开始安装地锁，居民委员会、派出所、综合执法，多次上门做工作要求其自行拆除，但没有任何效果。直到 2016 年 5 月，仅仅一周的时间，72 ~ 75 门安装上 12 个地锁，64 ~ 68 门用油漆圈画车位 31 个，5 ~ 10 门拴绳圈占车位 13 处。总计：地锁 23 个，圈画车位 35 个，拴绳圈占 13 处。小区其他地方有的居民也开始效仿，大有蔓延之势，这样没占车位的居民意见极大，反映到区长信箱，部分居民产生上访念头，邻里由此产生矛盾，关系紧张，甚至大打出手，110 出警，矛盾升级。

二、分析预估

如果不解决，将给社区稳定造成影响，因抢占车位邻里矛盾会随时爆发，邻里关系变得紧张。

三、服务计划

（一）服务目标

拆除地锁，清理圈占，对机动车实施有序管理。

（二）服务策略

居民委员会工作人员一方面及时上报，另一方面对居民进行走访，确认地锁主人，了解其思想动态，掌握了第一手资料。街道领导对此事十分重视，街道的几位领导赴现场了解情况，听取居民委员会主任的汇报，街道领导两次召集综合执法大队、天塔派出所、物业公司、社发科、城管科、居民委员会等相关部门负责人参加的协调会，就社区拆地锁、清圈占的工作进行了专项研究，大家统一了思想，拆地锁、清圈占车位是关系到居民切身利益的一件大事，要在社区党委的领导下，由居民代表大会决定。

（三）服务程序

6月7日上午，由宾水南里社区党委牵头，召开了居民代表大会，应到居民代表70人，实到40人，会上，社区党委书记首先就社区少数车主私安地锁、圈占车位的情况向居民代表进行了通报，最后大家通过举手表决，全票同意拆除地锁、清理圈占，并将具体实施工作委托给居民委员会。6月7日下午，社区党委以居民代表大会的名义，向全体居民发出了《致广大居民的一封信》，将其张贴到每个楼门及小区每个出入口。6月8日，居民委员会受居民代表大会的委托，在小区内发出通知，通知地锁主人6月13日之前将地锁自行拆除，否则将视为无主物于6月13日集中拆除，同时将圈画车位全部清除。

四、服务计划实施过程

6月13日，街道领导现场指挥进行部署，综合执法、派出所、社发科、城管科、居民委员会、物业公司多部门联合行动，人大代表朱学柱来到现场监督执行，将地锁、圈占，除车辆占压的7个地锁外一举清除，广大车主拍手称快，维护了大多数居民的利益，小区内恢复了以往的宁静。

五、总结评估

居民委员会工作人员每天在社区巡视，相继拆除了剩余地锁，并密切关注，社区地锁新出现一个拆除一个，绝不允许私安地锁的现象再次回潮。下一步工作人员将在上级部门的指导下，和物业公司共同研究机动车车位管理的相关事项。有上级部门的正确领导、有广大居民的大力支持，居民委员会工作人员有决心有信心将这项工作做好，给全体居民交上一份满意的答卷。

六、专业反思

通过这次工作认识到：再难的工作只要得到大多数居民的支持，顺应民意，各相关部门有效配合，都能迎刃而解。

（作者单位：河西区天塔街道宾水南里社区）

社区满载爱心　维稳从心开始

王静文

一、背景介绍

刘某，女，75岁，大专文化，现居住在河西区天塔街宾水北里社区61门4楼；2003年下半年在武清区被惠森集团非法集资5万元，后因资金无法收回，曾多次去市政府上访无果，无进京上访记录；后转入社区作为重点人士进行维稳。

二、分析预估

（一）目前基本情况

刘某现在独居，无所事事时就会想起自己被骗的钱，觉得冤枉；又因为独居，和邻居接触较少，觉得无人理解自己，情绪有些悲观失望。

（二）自我标签化严重

刘某是南方人，到北方生活不久，生活习惯很不适应；并且因为说话有口音，平时周围人也不愿意和其交流；久而久之刘某认为自己被“排外”，无法融入现在的居住环境。

（三）家庭和社会环境

刘某有两个儿子，二儿子已定居加拿大；大儿子在规划局工作，以前居住在北京，现居住在天津；节假日大儿子偶尔会来看望刘某。

（四）法律意识淡薄

通过与刘某的几次交谈，发现刘某法律意识比较淡薄，没有充分意识到上访行为所要承担的后果；而且认为自己年龄大，法律也奈何不了自己。

三、服务计划

（一）服务目标

1. 确保刘某情绪稳定。
2. 改善刘某心理状况，变被动被“维稳”为主动融入社区。

（二）服务策略

运用多层次介入策略，利用个案工作中的心理社会治疗模式进行帮助。

（三）服务程序

1. 减轻刘某的不安。
2. 减轻刘某系统功能的失调。
3. 增强刘某的适应能力。
4. 改善刘某的人际交往关系。

四、服务计划实施过程

心理社会治疗模式围绕一个核心——心理因素和社会因素之间的关联，包括心理、环境以及两者之间的相互影响三个方面。

（一）直接治疗

1. 沟通，对刘某首先采用勤入户的方式，从刘某感兴趣的话题入手；刘某喜欢谈论自己的两个儿子，认为他们很优秀，是自己的骄傲，社会工作者就和刘某以此为切入点拉家常，让刘某愿意和社会工作者交流。

2. 掌握谈话的主动权后，社会工作者慢慢了解刘某的喜好，发现她对养生和集体活动感兴趣，就邀请她参与社区的活动；在活动中，通过观察，发现刘某因为口音问题和其他居民交流困难，常常自己坐在角落，未达到社会工作者最初邀请其参加活动的目的。

3. 随后，社会工作者和辖区志愿者骨干谈话，向他们说明刘某的情况，请他们主动帮助刘某；志愿者们都很配合，在此后的活动中，主动拉刘某融入活动中，鼓励她发言、参加游戏环节，减轻她的不安；同时，志愿者们还和刘某互留电话，方便联系。刘某开始询问下次活动的时间，主动想参与活动了。

4. 针对其口音的问题，社会工作者引导刘某多收听新闻，和社会工作者练习普通话；同时，每次社会工作者也耐心倾听刘某的讲话；改善其沟通方式。

（二）间接治疗

电话联系刘某的大儿子，从侧面了解刘某的其他情况；同时劝导大儿子增加看望母亲的次数；并让其联系国外的弟弟，让其多打电话，多关心母亲。现在，大儿子一家基本每周末都会来看望刘某，二儿子也会在节假日打电话问候母亲，刘某得到亲人们的关怀，感到很高兴。

五、总结评估

在这个案例中，通过改善刘某的自身状态，发挥邻里、亲人的关心，重构刘某的社会支持网络等工作方法；不但使刘某情绪稳定、不再上访，而且还使她感受到来自社区和家庭的温暖，改善了她悲观失望的情绪，促进了她融入社区、融入居住环境，确保了长久的稳定。

六、专业反思

新形势下，面对社区的问题，不再局限于单纯解决问题，而是要深入挖掘个案背后的原因，运用专业的社会工作方法，对服务对象进行帮扶，真正贯穿社会工作的精神，发挥其助人自助的核心。

（作者单位：河西区天塔街道宾水北里社区）

群租房扰民引发安全隐患

王引弟

一、背景介绍

河西区下瓦房街南华里社区居民委员会接到恒华公寓业主反映群租房问题，并及时和恒华公寓物业联系，同时进行入户调查，恒华公寓A座、B座不同楼层的12套房间住了近200余人，分别是各餐饮公司、娱乐公司的外地员工宿舍，A座一公寓最多住30人，严重影响了业主的正常生活和正常出行，并存在严重的安全隐患，业主反映强烈，多次报警，相关部门以没有相应的法律法规作为管理依据为由未给予解决，业主情绪激动并把此问题归咎于居民委员会。

二、分析预估

（一）房屋出租人自身系统的预估

首先，业主将房屋出租是为了得到收益，这给解决问题带来困难。其次业主出租房屋都是通过中介，至于租给谁是否扰民并不清楚。

（二）房屋承租人自身系统的预估

承租人是想租金最小化，因此出现群租问题，这给解决问题带来困难。其次群租人员都是外地人员，一房多人，人员层次复杂，安全隐患极大。

（三）出租房屋所在小区业主的预估

出租房邻居在解决此问题过程中是否愿意站出来支持，发挥群众的力量。

（四）相关部门对此问题的预估

首先相关部门以没有法律作为执法依据给解决群租房问题带来了难度。其次物业公司要有收益，因此在管理上不愿得罪业主，存在两难的问题。

三、服务计划

（一）服务目标

1. 征询业主对这个问题的想法和意见，同时拿出对此问题的解决思路和想法。
2. 向业主解释此想法的意义、目的，希望得到业主的配合和支持。
3. 与业主讨论此想法的可行性和利弊。

（二）服务策略

1. 通过物业公司了解出租房业主、承租方物业使用人情况，摸清底数以及情况。
2. 通过分别与出租房业主沟通掌握其对群租房扰民问题的看法，以及是否了解群租房造成严重后果的案例。同时由派出所牵头分别与承租方负责人联系沟通，指出问题的严重性，并为其多方联系适合做职工宿舍的房源。
3. 向相关部门（社区民警、物业公司、街道综治科、区物业办、房管局执法中队、房管科）咨询此问题，寻求解决问题的办法。
4. 将以上了解的情况、过程以及解决方案与业主交流获得业主信任。

（三）服务程序

1. 首先由物业公司与出租房业主、承租房负责人联系约定开会时间。

2. 居民委员会通知业主代表、管片民警、街道综治办。
3. 由居民委员会牵头，物业主持召开七方会议。

四、实施过程

说起群租房问题派出所感到头疼，因为管理上没有法律依据，业主经常报警、大闹居民委员会并因此不缴纳物业费。就此难题居民委员会多次会同恒华公寓物业公司、派出所管片民警与房主联系，沟通此问题，但未果。

为得到专业部门的界定，给业主一个交代，居民委员会与物业公司一起向区房管局执法中队、房管科咨询此问题，寻求解决的办法，未果。

面对这种情况，居民委员会一方面拿出多次入户摸底的明细，以及协调相关部门的情况报告，首先安抚业主的情绪，得到业主的理解，此类问题不是居民委员会的职责范围。另一面拿出解决问题的思路和办法，得到了业主的认可和积极配合，召开七方会议包括：派出所、街道办事处司法所、居民委员会、物业公司、业主代表、出租房房主、承租方负责人，会议上由物业、居民委员会、派出所、街道综治办分别就群租房引发的火灾死亡案例进行了讲解，特别是居民委员会站在出租方和承租方利益的不同角度根据每个公寓租户的不同人群以及数量有可能引起的隐患导致的严重后果进行了分析。然后业主代表向房主、承租负责人诉说群租房的存在已经严重影响了他们的正常生活，给他们造成了极大的困扰，如果不解决他们将用自己的方式采取行动，就此双方进行了激烈的争论。承租方提出马上搬出没有地方去，居民委员会、管片民警马上提供了适合作为职工宿舍的房源。

经过几次面对面的沟通，最终房主、承租人迫于各方压力及邻里之间的关系，双方放弃各自利益，从恒华公寓搬出。此事在居民委员会不懈的努力下得到了圆满的解决，给了业主一个满意的答复。

五、总结评估

群租房扰民并存在安全隐患问题的解决采用了综合介入的方式，居民委员会通过协调相关部门的情况报告，首先稳定业主的情绪，取得业主的理解，并向业主说明，这类问题不是居民委员会的职责范围。其次拿出解决问题的思路和办法，得到了业主的认可和积极配合。居民委员会牵头召开七方会议，通过民警、街道综治办，通过业主与业主之间，业主与物业使用人之间的交流沟通、争论达到了利益双方的退让，解决了问题。

六、专业反思

调查研究，做到底数清、情况明，为厘清责任提供依据。

整合各方资源综合介入，为尽快解决问题打下基础。

加强对物业的监督，发现群租隐患及时通报各方，将隐患消除在萌芽中。同时提高业主对家的自我保护意识，并充分利用邻里之间的关系，预防问题反弹。

（作者单位：河西区下瓦房街道南华里社区）

同在蓝天下　我们是一家

白明昭

一、背景介绍

河西区下瓦房街道台北路社区是个老旧社区，居住的外来务工人员较多，外来务工人员的子女都在社区周围的学校上学。但是本地的学生对他们很排斥，外来务工人员子女在社区中缺乏归属感。近期组织的社区活动吸引了很多社区的青少年，但本地学生和外来务工人员的子女之间经常因为小事情发生冲突。

二、分析预估

这是一个外来人口进入城市、并逐渐融入城市生活过程中所产生的社区问题。随着城市化的不断加剧，城市中外来人口的数量不断增多，大量的外来务工人员聚集在老旧社区。由于城市居民具有的优越感，以及某些外来务工人员所表现出来的不文明行为引来他人的反感，从而对外来务工人员（包括其家属和子女）产生歧视。

外来务工人员子女目前面临的主要问题包括：

1. 熟悉社区环境，获得一个活动的空间。
2. 改变城市居民的错误观念，获得公正的待遇。
3. 融入社区生活，同社区居民和平相处，逐渐成为社区的一员。

三、服务计划

（一）服务目标

协助外来务工人员子女熟悉社区环境；倡导健康文明的生活方式，改变外来务工人员家庭及子女的不文明行为；促进城市居民与外来务工人员子女同本地学生的交流与互动，增进彼此的了解和友谊，推进社区和谐环境的建设。

（二）服务策略

1. 开展外来务工人员子女小组活动，带领他们熟悉社区环境，改变生活中存在的不文明行为，学习正确的沟通技巧，为他们提供朋辈支持和情绪控制的技巧。

2. 充分利用社区居民和学生志愿者同外来务工人员子女结对子，增加彼此的了解，营造平等的沟通对话环境。促进城市居民与外来务工人员子女同本地学生的交流与互动，增进彼此的了解和友谊。

3. 组织外来务工人员及其子女志愿者，在社区内开展志愿服务活动，为社区建设作出贡献的同时提升自我效能，也让社区居民对外来务工人员及其子女产生新的认识，改变以往的偏差认知。

4. 开展融合性的社区活动，策划本地子女和外来子女共同参与的主题活动。让当地居民和外来务工人员及其子女家属拉近距离，加强沟通，逐渐形成一个和谐的社区生活环境。

四、实施过程

首先，社区工作者在实施过程中需要和参与者做好沟通与协调，鼓励他们按时积极地参与社区工作者安排的各项活动。

其次，需要整合各方面资源的情况，社区工作者需要做好充分准备，与各方面进行沟通，争取资源。

再次，在为参与者提供服务的同时注意监督执行进度，出现危机及时处理。

最后，鼓励参与者在社区中将所学进行推广，惠及更多的社区居民。

五、总结评估

在计划实施过程中及其结束后，社区工作者都要对计划实施情况、参与者的满意度等方面进行评估，最重要的是社区活动的成效评估和过程评估。

六、专业反思

在社区工作者的帮助下，孩子们从关心自我慢慢转变为关心他人，无论是本市孩子还是外来务工子女之间都能平等交往，极大地改善了同学间的关系。

但在工作中，也存在不足之处。一是要处理好效果与效率的冲突。社会工作常常需要很长一段时间才能见效，立竿见影的服务比较少，既要注意效果的问题，还要注意效率的问题，防止服务对象对社区工作者服务信心不足。二是在个案工作中不能忽视家庭环境的影响。未成年人很多时候心智发展不健全，容易作出一些错误的判断，往往听从其家庭所作的安排和决定。因此不能忽视其家庭教育环境对个体观念和行为的影响。

（作者单位：河西区下瓦房街道台北路社区）

违章装修严查处　邻里矛盾巧化解

王　芳

一、背景介绍

河西区下瓦房街道文苑楼区居民大多为印刷一厂职工家属，少部分为购房入住和租房入住。姚某和谢女士的房子均位于同幢东梯东室，为楼上楼下的邻居。姚某，201 室业主，自由职业者，即将退休；王某，姚某妻子，退休；姚某儿子，退伍军人，现在企业工作。姚某儿子计划在年内结婚，拟将 201 室当作婚房，当时正在紧锣密鼓地装修。谢女士，101 室业主，外来购房户，离异，单独居住。姚某在装修时因有一根排水管需经过 101 室而与谢女士商量，结果遭到拒绝，姚某怀恨在心。姚某又将阳台作为厨房，在阳台外墙接一处排水口，而该排水口刚好位于 101 室客厅东窗上面，谢女士以该排水口将使她家东窗无法打开为由坚决反对。两家为此发生纠纷，还一度发生口角，并险些发生肢体冲突，幸好在邻居劝解和警方及时介入下事态才未升级，但两家矛盾并未缓解，谢女士不肯就此罢休，不断地向社区反映、求助，还拨打市民服务热线，要求有关职能部门制止姚某的违章装修。

二、分析预估

本案中姚某央求谢女士在他布设排水管事情上给予方便但遭到拒绝，两家已结怨在先，后姚某阳台外接下水口并在谢女士客厅东窗上面，双方矛盾升级，而矛盾的主要原因是双方缺乏互让互谅之心，只考虑自己的感受，而将对方的请求置之不理。

三、服务计划

（一）服务目标

对违章装修依法依规妥善处置，同时引导两家化解邻里矛盾，促进小区和谐。

（二）服务程序

1. 与双方接触，初步建立良好的信任关系。

2. 实地了解案情，首先是进行劝导，劝导不成，移交有关职能部门依法查处。

3. 坚持违章查处和矛盾调解同步进行，以达到在违章必究的前提下，本案当事双方能达成睦邻友好。

四、实施过程

社区在接到谢女士关于201室阳台违章装修的举报后，第一时间派出社区工作者会同小区现场物业管理员前往现场查看，看到姚某阳台东墙已经外接排水管，确认举报属实后社区当即指示小区现场物业管理人员向201室姚某发出限期整改通知，并对姚某进行了劝导。截至整改期满，姚某没有任何整改行动。社区联系综合行政执法大队，但被告知此类外接水管案件应由房管部门牵头，他们只负责协助执法，同时社区将此案向大开发房管站报告，要求协调有关部门对此装修是否违章进行鉴定，并视鉴定结果决定进行查处。在大开发房管站的协助下，综合执法大队来现场查看，大开发房管站认定201室外接下水管属于违章装修行为。

随后，由综合行政执法中队、大开发房管站对姚某送达整改通知书，限他7天时间进行整改，否则将依法强制整改。

由于姚某态度比较固执，几次做工作都不见成效，社区就想到从姚某儿子身上做文章，或许能打开缺口。姚某的儿子是退伍军人、社区基干民兵，思想上积极要求进步，关心支持社区建设。社区工作者首先对姚某儿子支持社区建设表示赞赏和感谢，然后就对他家外接下水管道案件进行了政策法规宣传和耐心细致的劝导，帮他算清了违章装修限期不整改将弊大于利这本账：如果不整改，则必定执行强制整改，不但非法获得的好处得不到，还将使他家脸面尽失，影响他家在社区的形象，对自己的进步也会造成不良影响，与101室的邻里关系将持续紧张，并告诫姚某儿子今后201室房产的过户甚至也可能遇到障碍。

社区工作者敦促姚某与谢女士务必进行沟通，尤其是外接下水管道整改要取得谢女士的谅解，方可与谢女士和睦相处。临走时，社区工作者欣慰地看到姚某的态度已有了动摇，从刚来时的“一口拒绝”到离开时的“考虑考虑”，社区工作者从中看到了一丝希望。随后，社区工作者又与谢女士就她所反映的问题处理进展进行通报，也对她就互谅互让搞好邻里和睦做了劝导工作。

就在社区工作者与姚某谈话后的第二天中午，姚某来到社区说明他家已于上午自行拆除外接下水管道并恢复了原状，完成了整改，叫社区工作者前去确认拍照，社区工作者对他明辨是非、知错就改的行为表示赞赏。

五、总结评估

服务基本达到预期目标，即对违章装修依法处置，而且达成了理想的处置结果——事主自行整改，又化解了两家之间的矛盾，还以生动的事例体现了社区建设的成效，促进了和谐社区的建设。

服务完成后一个月，社区工作者对服务对象进行了回访，服务对象对社区工作者专业的服务表示满意，双方邻里关系得到明显改善。

六、专业反思

1. 本案将“德治是基础，法治是保障，自治是手段”贯穿于社会工作者服务的始终。

2. 把握服务对象希望在社区留有正面评价和为社区建设作出贡献的包

容需要及希望与邻居和睦相处的情感需要，社区工作者适时对此类需要予以唤醒，并引导服务对象积极互动，矛盾纠纷才得以成功化解并取得圆满结果。

（作者单位：河西区下瓦房街道文苑楼社区）